A PEDAGOGIA DO MARXISMO

JAMES LINDSAY

A PEDAGOGIA DO MARXISMO

O DESASTROSO MÉTODO EDUCACIONAL DE **PAULO FREIRE**, CRIADO PARA FORMAR ATIVISTAS

Tradução
FÁBIO ALBERTI

COPYRIGHT © FARO EDITORIAL, 2024
COPYRIGHT © 2023 BY JAMES LINDSAY
THIS EDITION PUBLISHED BY ARRANGEMENT WITH SUSAN SCHULMAN LITERARY AGENCY LLC, NEW YORK.

Todos os direitos reservados.

Avis Rara é um selo da Faro Editorial.

Nenhuma parte deste livro pode ser reproduzida sob quaisquer meios existentes sem autorização por escrito do editor.

Diretor editorial **PEDRO ALMEIDA**
Coordenação editorial **CARLA SACRATO**
Assistente editorial **LETÍCIA CANEVER**
Preparação **RAYSSA TREVISAN**
Revisão **BARBARA PARENTE E NATHÁLIA RONDAN**
Imagem de capa **MART, HALIMQD | SHUTTERSTOCK**

Dados Internacionais de Catalogação na Publicação (CIP)
Jéssica de Oliveira Molinari CRB-8/9852

Lindsay, James
    A pedagogia do marxismo : o desastroso método educacional de Paulo Freire, criado para formar ativistas / James Lindsay ; tradução de Fábio Alberti. — São Paulo : Faro Editorial, 2024.
    192 p.

    Bibliografia
    ISBN 978-65-5957-487-2
    Título original: The marxification of education

    1. Socialismo e educação 2. Filosofia marxista – Educação 3. Freire, Paulo, 1921-1997 4. Educação - Aspectos políticos I. Título II. Alberti, Fábio

23-6946   CDD 370.1

Índice para catálogo sistemático:
1. Socialismo e educação

1ª edição brasileira: 2024
Direitos de edição em língua portuguesa, para o Brasil, adquiridos por **FARO EDITORIAL**

Avenida Andrômeda, 885 — Sala 310
Alphaville — Barueri — SP — Brasil
CEP: 06473-000
www.faroeditorial.com.br

PARA TIFFANY,
TINA E
TODAS AS MÃES
QUE LUTAM PELA LIBERDADE
DE SEUS FILHOS.

SUMÁRIO

APRESENTAÇÃO **9**

PRÓLOGO **13**

INTRODUÇÃO **21**

Paulo Freire e a transformação da educação 24

O grande golpe da educação norte-americana 26

QUEM FOI PAULO FREIRE? **31**

Paulo Freire, pós-colonialista radical 32

Nota a respeito de raízes filosóficas mais profundas 36

Os principais livros de Freire 38

Paulo Freire chega aos Estados Unidos 39

Política e educação 42

Paulo Freire, teólogo da libertação 43

Tornando-se deuses marxistas 47

A PEDAGOGIA DO MARXISMO **53**

Uma introdução ao marxismo como modo de pensamento 53

Alfabetização política e o campo do conhecimento 60

A pedagogia do marxismo 64

Educação humanizadora 66

Educação formal como domesticação 72

PREPARANDO A REVOLUÇÃO CULTURAL **77**

O utopismo crítico de Paulo Freire 81

Uma nova esperança radical 84

CONSCIENTIZAÇÃO **88**

A conscientização funciona, porém não educa 89

A conscientização como reforma do pensamento 91

Os estágios de conscientização. 96

Gerando conscientização. 102

A conscientização substitui o aprendizado 105

Usando a denúncia para anunciar 109

A revolução perpétua 111

Cambaleando rumo à distopia 114

TEMAS GERADORES E A USURPAÇÃO DA EDUCAÇÃO 118

Identificando temas geradores 119

Sequestrando o currículo. 121

Descolonizando o currículo 125

Utilizando temas geradores. 127

A Igualdade nivela por baixo 130

Uma decepção chamada engajamento. 134

Reaproveitamento culturalmente relevante. 136

O fracasso da aprendizagem: tempo sequestrado é tempo roubado 139

CODIFICAÇÃO E DECODIFICAÇÃO COMO MÉTODO
DE REFORMA DO PENSAMENTO 143

Panorama do processo de reforma do pensamento. 144

Codificação. 147

Decodificação 154

O processo de lavagem cerebral freireano 163

O MODELO DIALÓGICO E A SALA DE AULA IGUALITÁRIA. 166

A pedagogia freiriana implica um conceito de homem e de mundo 167

Um diálogo sobre coisa nenhuma 169

Todos juntos sem aprenderem nada 172

Todos juntos tornando-se coletivistas 175

CONCLUSÃO 181

VERSÃO BASTANTE RESUMIDA 184

BIBLIOGRAFIA. 188

NOTAS 190

APRESENTAÇÃO

Paulo Freire é um desses personagens que a intelectualidade brasileira julga sagrados e acima de qualquer questionamento. Para esses "intelectuais" (quase todos esquerdistas ou simpatizantes), ele é uma figura mítica, um guru visionário, um líder messiânico que revolucionou a educação brasileira ao trazer a política e a discussão sobre a "opressão" para dentro da sala de aula. Por politizar a educação e por justificar a doutrinação de alunos, Freire foi adotado e idolatrado pela esquerda brasileira e mundial. Não à toa, foi durante um governo de esquerda que Paulo Freire foi declarado "Patrono da Educação Brasileira".*

Sinceramente, é questionável o mérito de ser declarado patrono de um dos sistemas educacionais mais falidos do mundo; parece até ofensa. Mas a homenagem reflete bem a incapacidade dos nossos escolarizados urbanos em reconhecer a embromação disfarçada de filosofia, a doutrinação mascarada como educação, a fraude travestida de obra-prima. A obra de Paulo Freire é uma mistura de ensaísmo verborrágico vazio com clichês demagógicos anticapitalistas.

A homenagem só faz sentido se o objetivo for responsabilizá-lo pelo nosso fracasso; aí sim, certamente, Paulo Freire merece lugar de destaque na história da educação nacional. Como influência negativa, ele merece lugar de destaque inclusive na política mundial, pois seu impacto vai além da educação. Como James Lindsay afirma neste livro, Paulo Freire pode ser considerado o "pai do *woke*", pois sua obra também contribuiu para a radicalização da atual esquerda, que enxerga (ou quer enxergar) "opressão estrutural" em tudo o que vê. Lindsay é um grande estudioso não apenas da pedagogia freiriana, mas

---

* Lei 12.612/2012. Disponível em: https://www.planalto.gov.br/ccivil_03/_ato2011-2014/2012/lei/l12612.htm

também da esquerda contemporânea (como *woke*, marxismo cultural, teorias críticas, entre outros temas*), e um de seus méritos neste livro é precisamente o de explicar a relação entre Paulo Freire e o progressismo atual.

O leitor certamente já escutou todo tipo de frase pronta elogiosa com que a intelectualidade descreve a obra de Freire: trata-se de pedagogia transformadora, libertadora, problematizadora, participativa, inclusiva etc. Muitos ressaltam o fato de que o seu principal livro (*Pedagogia do Oprimido*) é um dos trabalhos mais citados do mundo na área de ciências sociais. Mas isso diz mais sobre a falência da academia de ciências sociais do que sobre qualquer mérito putativo de Freire. Aliás, este é um dos méritos de se trazer este livro ao público brasileiro: podemos agora verificar, em primeira mão, como as ideias de Freire contribuem para a falência não apenas da educação brasileira, mas também a de outros países, como os Estados Unidos.

Quando se lê a obra de Paulo Freire, qualquer leitor atento percebe que se trata de engodo, e que a pedagogia é o assunto que menos atenção recebe. A "pedagogia do oprimido" não contém nenhuma proposta autenticamente pedagógica para o oprimido; Freire apenas deseja transformar o oprimido em militante, para que ele possa lutar contra a ordem capitalista que teoricamente o oprime.

Paulo Freire não está muito interessado em ensino, ou pelo menos não naquilo que a maioria de nós entende por "ensino". Todos nós esperamos da escola algo que é razoavelmente simples: que os nossos filhos, que sabem pouco sobre o mundo, possam ir para a escola e aprender bastante sobre várias coisas; e que essa educação seja enriquecedora o suficiente para que eles possam, no futuro, desenvolver a sua vocação, exercer uma profissão e se tornarem membros produtivos e felizes da nossa sociedade. Esse é o básico que qualquer pai e mãe desejam para os seus filhos.

Mas para Freire isso não é suficiente; permitir o desenvolvimento pessoal e cognitivo dos alunos e integrá-los produtivamente à sociedade não são preocupações do mestre dos magos da pedagogia nacional. Para ele, o objetivo da educação não é ensinar, muito menos preparar alguém para participar da lógica exploratória do capital. A educação deve servir à política, e ela somente é válida

---

* Veja-se o seu livro *Teorias Cínicas*, escrito com Helen Pluckrose e publicado pela Avis Rara em 2021.

se produzir a "conscientização" marxista, se for "libertadora" da propriedade privada e demais amarras do capital, se contribuir para que os "oprimidos" entendam o jogo de forças da sociedade e, assim, possam-se levantar contra a "opressão" estrutural da sociedade capitalista.[*]

A verdade é que a obra de Paulo Freire é um programa revolucionário marxista disfarçado de filosofia pedagógica. E ao dar feitio acadêmico a esse tipo de pedagogia revolucionária, o guru legitima a atuação do professor ativista, que está mais preocupado em formar militantes marxistas que em ensinar o essencial de sua disciplina.

Este livro de James Lindsay é um dos trabalhos mais minuciosos jamais feitos de análise da pedagogia freiriana. Lindsay explica em detalhe por que a teoria de Freire é responsável pela politização da sala de aula, e por submeter os nossos alunos a sessões diárias de lavagem cerebral marxista. O autor ainda interpreta a pedagogia freiriana à luz do atual estágio de radicalização de esquerda, mencionando como ela se relaciona com movimentos e conceitos como *woke*, teoria crítica de raça, teoria *queer*, justiça hermenêutica, ensino culturalmente relevante, educação socioemocional, entre outros.

Se a obra de Paulo Freire contribui não apenas para a destruição da nossa educação, mas também para a radicalização e o autoritarismo da atual esquerda, é fundamental que a entendamos para que possamos diagnosticar a ameaça e assim desenhar a solução adequada. Este livro de James Lindsay é um tratado excepcional sobre a influência perniciosa das ideias do pedagogo brasileiro, e assim pode nos ajudar a entender, debater e redesenhar os rumos da nossa educação.

GUSTAVO MAULTASCH

---

[*] Para uma outra excelente crítica à obra de Paulo Freire, veja-se o Thomas Giuliano (org.). (2017). *Desconstruindo Paulo Freire*. Porto Alegre: História Expressa.

PRÓLOGO

Em decorrência do terrível ataque a tiros na escola primária Robb Elementary School, em Uvalde, no Texas, no dia 24 de maio de 2022, pessoas de todas as partes dos Estados Unidos, tomadas de choque e de horror, ansiavam por respostas e soluções. Poucas coisas apavoram mais do que um tiroteio em uma escola. Assim como poucas coisas dividem tanto opiniões.

Como era de se esperar, essa tragédia culminou em divisões partidárias — isto é, democratas foram enérgicos ao pressionar por maior controle de armas de fogo, enquanto republicanos defendiam a importância e a necessidade da garantia à legítima defesa. Muitos pais — sem dúvida, o grupo mais abalado e ansioso por respostas e soluções viáveis para que os filhos ficassem a salvo nas escolas —, envolveram-se nesse embate.

Numa atitude característica desse tipo de postura política, apenas dois dias depois da tragédia, no dia 26 de maio, a senadora democrata de Rhode Island Tiara Mack ("ela/dela") — que em seu perfil no Twitter se apresenta como uma "educadora *queer*", "amante de donuts" e "arrecadadora de fundos para aborto", e que mais tarde ficou conhecida como a famigerada que aparece em um infame vídeo de uma "campanha" para se autopromover que viralizou (nesse vídeo ela se exibe rebolando de cabeça para baixo usando um biquíni) — tuitou uma fotografia de cem ou duzentas crianças e adolescentes deitadas no chão no Palácio do Governo de Rhode Island, com a seguinte legenda:

Estudantes de algumas escolas de Providence fizeram hoje uma caminhada e se deitaram por 3 minutos do lado de fora do Palácio do Governo de Rhode Island. Será que conseguiremos aprovar uma legislação de controle de armas de fogo sensata nessa sessão em Rhode Island[1]?

É a típica exploração política, claro, *um tanto baixa* — alguém poderia dizer e em seguida deixar para lá. Mas por trás dessa façanha política oculta-se um importante contexto. Logo depois, também pelo Twitter, Erika Sanzi, coordenadora de divulgação da *Parents Defending Education* (Pais em prol da educação), chamou a atenção para um grande problema na sala de aula, numa resposta pública ao tuíte de Tiara Mack:

> Noventa e quatro por cento dos estudantes de Providence não têm pleno domínio de matemática.
>
> Oitenta e seis por cento não conseguem ler e escrever de acordo com a sua série escolar.
>
> Congressistas que nunca falam com orgulho dos resultados obtidos pelos estudantes usam esses mesmos estudantes em horário escolar como peões para defender seus interesses partidários.[2]

Para piorar a cena desse teatro em defesa de interesses partidários promovido por Mack — sem dúvida, organizada e facilitada por professores do mesmo partido —, há uma história de um fracasso acadêmico colossal nas escolas de Providence. Tudo indica que as crianças de Rhode Island não estão aprendendo nada a não ser quando algo impactante acontece, vira notícia, e então é hora de colocar em prática uma encenação de caráter performático para tentar obter dividendos políticos, quase sempre para defender um viés de esquerda.

O que está acontecendo? Os pais merecem saber. Nossas crianças não merecem isso. Nossa nação e seu futuro estão em jogo aqui. Existe, na verdade, uma explicação simples. Como dissemos, 94% dos estudantes de Providence têm desempenho ruim em matemática e 86% não conseguem ler e escrever de acordo com a sua série escolar, mas centenas desses estudantes podem ser colocados em uma manifestação política de esquerda no Palácio do Governo de Rhode Island em horário escolar; a principal razão por trás disso logo fica bem clara: o direito à educação foi tirado de nós e de nossas crianças, bem debaixo dos nossos narizes. Essa usurpação da educação tem um propósito; permite que uma falsificação a substitua. O mecanismo e a descrição dessa fraude gigantesca podem ser resumidos numa única frase: *nossos filhos estão indo para as escolas freirianas.*

Fora os brasileiros, em outros países, além dos pedagogos, alguém muito inteirado das batalhas que se desenrolam na guerra cultural, ou, ainda, um feliz ouvinte dos meus podcasts, é muito provável que muita gente nunca ouviu falar de Paulo Freire e não tem ideia do que sejam as "escolas freirianas". Bem, precisam saber. Paulo Freire é sem dúvida o nome mais influente na educação em um século, e em consequência disso, como mencionei, *nossos filhos vão para escolas freirianas*. Quase todos eles vão. Nesse guia, eu espero apresentar ao leitor, de modo satisfatório, a teoria da educação de Paulo Freire — que hoje domina tanto as faculdades na América do Norte e também as escolas primárias e secundárias — a fim de ajudá-lo a compreender porque eu logo vi o que estava acontecendo assim que vi os dois tuítes que acabei de mencionar. As escolas em Providence, Rhode Island, são escolas freirianas, e ativistas marxistas que se escondem por trás da fachada de professores e políticos estão se articulando para tirar vantagem do resultado desse fato e montar uma enorme manifestação política usando as crianças de Providence como marionetes felizes e dispostas. E as crianças, por sua vez, estão sendo "conscientizadas" para serem ativistas de causas que interessam às pautas políticas marxistas.

Como você verá, esses estudantes não apenas estão participando do ativismo, conforme exige o modelo de educação de Freire, como também estão aprendendo a "decodificar" as supostas circunstâncias políticas ocultas em um tiroteio numa escola. Em outras palavras, eles estão aprendendo a adotar a postura política dos ativistas disfarçados de professores e representantes de Estado. A tragédia em Uvalde estava sendo falsamente apresentada a eles como uma "codificação" das "verdadeiras" circunstâncias políticas das *suas próprias vidas* nos Estados Unidos e em Rhode Island, em 2022. Eles aprendem a "educação política" freiriana enquanto as suas escolas fracassam quase por completo em sua verdadeira educação. É isso que uma escola freiriana realmente é, mesmo que uma publicidade bonita diga o contrário.

A impressionante adesão à teoria educacional excêntrica de Paulo Freire, que se tornou conhecida como "Pedagogia crítica", pode não estar *diretamente* relacionada ao aumento dos tiroteios em escolas, às falhas inexplicáveis no cumprimento da lei e a muitas outras tragédias. Contudo, essa adesão pode explicar *quase por completo* o porquê as nossas escolas não conseguem ensinar às nossas crianças habilidades básicas como leitura, escrita e matemática, mas conseguem transformá-las em uma nova classe de ativistas para causas da esquerda — e *somente* e *explicitamente* causas da esquerda. Esse é o objetivo que a teoria educacional de Freire pretende alcançar. Os estudantes devem ser "encorajados" a ingressar no ativismo político esquerdista, e outros resultados do desempenho do estudante são definitivamente secundários. A educação é um pretexto; o objetivo é formar um ativista marxista.

A catástrofe da educação freiriana é difícil de ser exagerada. Na verdade, os próprios educadores freirianos deixam isso claro quando tentam salvar o desastroso método do seu próprio fracasso programático. Considere a seguinte descrição do Instituto DVV International (*Deutscher Volkshochschul-Verband*), uma associação alemã de educação de adultos, que tentou estudar a implementação da pedagogia freiriana no contexto nigeriano em 2007.

Etapa dois: a seleção de palavras do vocabulário descoberto

A partir dos debates dos estudantes, as "palavras geradoras" escritas pela equipe de facilitadores eram: recursos, dinheiro, abundância, petróleo bruto, roubo, faturar, pedinte, abundância, pobreza, sofrimento, frustração, choro, fome, crise, agonia, morte.

Essas palavras foram mais tarde representadas na forma de imagens que mostravam as realidades e situações concretas das vidas das pessoas. A exibição de imagens provocou um estado emocional de piedade e raiva entre os debatedores, alguns dos quais não podiam falar; a maioria deles chegou às lágrimas perguntando: "Por quê?! Por quê?! Por quê?! Por quê?!".

Etapa três: o processo real de treinamento de alfabetização

Uma vez completada a segunda etapa, para a grande surpresa dos facilitadores, os debatedores não estavam dispostos a participar do processo de treinamento/alfabetização. Estavam abalados demais: furiosos, revoltados, agitados e gritando. Gritavam: "Mudança! Mudança! Mudança!". Amaldiçoavam furiosos aqueles que tinham, de um modo ou de outro, contribuído para o sofrimento do povo. Conclusão: a aquisição de habilidades básicas de alfabetização não tinha significado algum para eles e, na verdade, era irrelevante. Alguns deles chegaram a perguntar aos facilitadores: "*O que vocês, pessoas instruídas, fizeram para mudar a situação, em vez disso só pioraram quando conseguiram o cargo?*".[3]

O mesmo que aconteceu na Nigéria também acontece em Rhode Island — e em qualquer lugar em que a pedagogia freiriana seja usada para usurpar a educação. A pedagogia freiriana é doutrinação sectária, e os que a fornecem são seus seguidores. Não pode estar errada. É por isso que a conclusão desse artigo, documentando o evidente desastre da abordagem freiriana, recomenda a sua adoção, embora com mais cautela, em programas de alfabetização no futuro. Ela não deve ser abandonada. Por quê? O método não fracassa em seu principal objetivo, independentemente do que faz com aquilo que alegam ser seu objetivo, que não é nada mais além de uma cortina de fumaça. O método promove com muito sucesso e eficiência a conscientização política; disso não resta dúvida.

Para os educadores freirianos, o problema, portanto, é superficial. Ocorre que a conscientização política pode inadvertidamente radicalizar os estudantes de maneira tão incisiva que eles não somente não conseguem aprender a ler — a justificativa alegada para o método, em primeiro lugar — como também não conseguem enxergar qual é o sentido no aprendizado da leitura. O método deve ser mantido, por mais desastroso que seja ou por mais previsível que seja o desastre, mas também deve ser mantida a tentativa de justificativa.

Por mais importantes que sejam as duas etapas iniciais da metodologia de alfabetização freiriana, os facilitadores têm de aplicá-las com cautela nas aulas de alfabetização. Quando a consciência política dos estudantes é despertada, eles podem não ter paciência suficiente para adquirir habilidades de alfabetização, ou nem mesmo ter interesse em adquirir essas habilidades, já que as duas primeiras etapas podem tê-los conscientizado e sensibilizado excessivamente a respeito das realidades das suas vidas. Esta é a principal conclusão do estudo.[4]

Este guia existe para defender, com base nas próprias palavras de Freire, a ideia de que os pesquisadores por trás desse estudo não entenderam o verdadeiro objetivo do método. Aprender a ler (ou obter resultados acadêmicos em qualquer disciplina) sempre foram meras cortinas de fumaça para o verdadeiro objetivo de Freire: despertar a consciência política marxista com o propósito de produzir uma revolução cultural. Considere as três seguintes observações de Freire em seu importante livro de 1985, *Política e educação: cultura, poder e libertação*. A primeira dessas observações é um tanto técnica, mas poderá ser entendida com uma pequena explanação.

Codificação: a formação de imagem de um aspecto significativo da situação existencial de um homem em uma favela (exemplo de um contexto no qual esse homem vive). A palavra geradora ("favela") é inserida nessa codificação (como a matéria educacional apresentada ao estudante). A codificação funciona como o objeto conhecível intermediando os sujeitos cognoscentes — o educador e os alunos — no ato do conhecimento que eles obtêm no diálogo (Freire, 1985, p. 91).

O que precisamos extrair dessa passagem do texto de Freire é um tema que aparece repetidas vezes em seus livros: a lição apresentada pelo educador como um *intermediador de aprendizado*. Não se trata de algo a ser aprendido em si mesmo e por si mesmo; trata-se de algo que facilita o aprendizado nos termos que Freire estabelece. Em outras palavras, uma lição de matemática deixa de ser apenas uma lição de matemática. É um intermediário, um mediador para outro tipo de lição, que para Freire é uma lição *política* (ou seja, *marxista*). A lição de matemática, ou qualquer outra lição, torna-se mero veículo para o diálogo político que para Freire constitui a verdadeira educação.

Do ponto de vista linguístico, se um analfabeto é alguém que não sabe ler nem escrever, um analfabeto político — independentemente do fato de saber ler e escrever — é uma pessoa que tem uma percepção ingênua da humanidade em seus relacionamentos com o mundo e uma perspectiva simplória da realidade social, enxergando-a como imutável; ou seja, como um *fait accompli* (um fato consumado) e não algo que ainda está em construção (Freire, 1985, p. 103).

Para Freire, a alfabetização *política* claramente importa, não apenas o analfabetismo real. De fato, como nós veremos, a verdadeira alfabetização é, na melhor das hipóteses, uma preocupação secundária. Ele acredita nisso porque segundo Karl Marx, cuja teologia ele adotou em sua totalidade, a verdadeira natureza do homem consiste em alcançar o poder para transformar o mundo (numa utopia socialista por meio da crítica implacável do que *existe*), e a sua capacidade de participar desse processo de ativismo político e transformação é o aspecto mais fundamental do seu ser, e seu direito humano essencial.

PRÓLOGO

Como evento que estimula estudantes e educadores a uma reflexão crítica, o processo de alfabetização deve relacionar o ato de dizer a palavra com o de transformar a realidade, e com o papel do homem nessa transformação. Perceber a importância dessa relação é indispensável para aqueles que estão aprendendo a ler e a escrever, se estiverem realmente comprometidos com a libertação. Tal percepção levará os estudantes a reconhecerem um direito muito maior do que o de ser letrado. No final das contas eles reconhecerão que, como homens, têm o direito a ter voz (Freire, 1985, p. 51).

"Por quê?! Por quê?! Por quê?! Por quê?! Mudança! Mudança! Mudança!", gritavam os "estudantes" nigerianos enquanto se lamentavam, rangiam os dentes de raiva e enérgicos ao rejeitarem as suas aulas de alfabetização depois de receberem a "alfabetização política" e de serem "conscientizados e sensibilizados" a respeito das "realidades das suas vidas"; mas isso não está a meio mundo de distância na África Ocidental, em algum ponto no passado. Não é difícil imaginarmos ouvir o mesmo de um enorme número de crianças e adolescentes analfabetos funcionais, e sem compreensão da matemática, "emocionalmente abaladas" deitadas nos degraus do Palácio do Governo de Rhode Island este ano, aplaudidas e conduzidas por uma esquerdista radical no Senado Estadual. "Por quê?! Por quê?! Por quê?! Por quê?! Mudança! Mudança! Mudança!" O motivo é simples: *Nossos filhos vão para as escolas freirianas.* Falar a favor da mudança é um "direito muito maior do que o de ser letrado", portanto "adquirir habilidades básicas de alfabetização não fazia nenhum sentido para eles e era na verdade irrelevante". O resultado é o mesmo porque o processo é o mesmo, e para o propósito a que se destina — mas não para o seu propósito declarado — o processo *funciona.*

Isso precisa parar. Isso jamais deveria ter sido permitido. Não é o que se espera da educação, e não pode ser o que se espera da educação em nenhuma nação que pretenda sobreviver por muito tempo no futuro. Na verdade, isso não é educação de modo algum. É, na verdade, uma *reforma do pensamento*, expressão que Robert Jay Lifton usou como tradução para o termo em mandarim *xǐnǎo* (洗 脑), sua tradução literal seria "lavar cérebro", ou seja, "lavagem cerebral". Outro termo apropriado em nosso contexto mais contemporâneo seria (seita) *condicionamento.*

Quando chegar ao final deste livro, você certamente compreenderá por que as nossas escolas estão desvalorizando crianças e transformando-as em ativistas, autodestrutivos, ignorantes e muitas vezes paranoicos, de causas que elas nem mesmo entendem. E é provável que concorde comigo — a menos que você também seja esse mesmo tipo de marxista a que me refiro. A influência de Paulo Freire tem de ser identificada e removida de todas as escolas e faculdades da América do Norte e de todo o mundo, o mais rápido possível, para o bem de nossas famílias, nossas nações e, principalmente, de nossos filhos.

JAMES LINDSAY, AGOSTO DE 2022.

INTRODUÇÃO

A USURPAÇÃO DA EDUCAÇÃO

Grande parte da teoria e da prática da educação (pedagogia) empregada hoje nas escolas da América do Norte deriva diretamente, com certas atualizações e modificações contextuais, do trabalho de um marxista radical brasileiro chamado Paulo Freire. Embora Freire não seja exatamente um nome que todos conhecem nos Estados Unidos, ele é conhecido e considerado uma lenda no campo da educação em *todas* as faculdades de pedagogia da América do Norte. Tão conhecida quanto é a sua abordagem, denominada "pedagogia crítica" ou "teoria da educação crítica". Nas faculdades de pedagogia da América do Norte, Freire é de fato reverenciado e seu trabalho é considerado praticamente sagrado. Exerce, em consequência disso, uma incrível influência, principalmente nas faculdades de pedagogia da América do Norte, e, em virtude disso, Paulo Freire é apontado como o terceiro autor acadêmico mais citado nas áreas de ciências humanas e sociais segundo parâmetros confiáveis. Não é nenhum exagero afirmar que ele está no centro teórico de tudo o que acontece nas faculdades de pedagogia hoje em dia, e em seguida nas escolas dos nossos países. As consequências da influência de Freire sobre a educação podem ser expressadas de maneira breve com a seguinte frase: *nossas crianças vão para escolas freirianas.*

O significado disso é simplesmente *a usurpação da educação* — nada mais, nada menos. Resta algo que parece ser educação, mas não é mais. É lavagem cerebral política para que se veja o mundo "do ponto de vista do oprimido". Essa transformação da educação é tão central nas teses de Paulo Freire que a sua obra mais importante traz já no título a descrição dela: é a *Pedagogia do oprimido*, na qual educadores e alunos juntos são instruídos a "morrer e ressuscitar" ao lado dos oprimidos e a "crer" na "luta permanente". Estudantes são transformados em iniciados que não aprendem praticamente nada além de duas coisas: (1) enxergar o mundo do "ponto de vista do oprimido", e (2) denunciar as "condições desumanas" do mundo vistas a partir dessa perspectiva, anunciando ao mesmo tempo a possibilidade de algo "melhor" (leia-se: algo mais socialista, equitativo e socialmente justo).

O mecanismo para essa usurpação da educação foi objetivo e geracional: conquistar e transformar as faculdades de pedagogia; moldar uma geração de professores; programar depois cada geração de estudantes. Antes de 1995, as faculdades de pedagogia já estavam quase inteiramente dominadas pela abordagem freiriana, e no quarto de século que se seguiu houve uma rotatividade de professores suficiente para refazer substancialmente as nossas escolas e, portanto, a própria educação. As crianças ainda vão à escola, mas a escola não é mais escola. Os professores foram substituídos por ativistas, e a educação foi transformada em "conscientização", o processo de enxergar o mundo a partir do que se denomina ponto de vista do oprimido.

Muitos dos principais acontecimentos aparentemente inconstantes, mas largamente dominantes na educação nos dias de hoje, têm raízes que remontam total ou parcialmente a Paulo Freire. Esses acontecimentos incluem especialmente o péssimo desempenho na obtenção de habilidades dentro da média na maioria das matérias, na maioria das aulas e na maioria das escolas, ênfases curriculares inapropriadas, desenfreada coleta de dados de crianças por meio de incessantes pesquisas e avaliações (embora essas últimas sirvam também a outros propósitos), ensino culturalmente relevante (e receptivo), "descolonização" do currículo, aprendizagem baseada em projetos liderados por estudantes e aprendizagem socioemocional (ASE), em especial a aprendizagem socioemocional "transformadora". Outros programas, como a educação sexual abrangente — que traz a prática abominável da *hora da história drag queen*, na qual *drag queens* (homens adultos vestidos como mulheres hipersexualizadas como se fossem palhaços) realizam performances de *drag* para crianças enquanto leem para elas em bibliotecas de escolas e salas de aula — inserem-se no método "gerador" freiriano. É graças a essa abordagem metodológica que podem fazer o que fazem e conseguem justificar a sua inclusão na educação de crianças (pequenas).

Algumas dessas tendências são consequência direta e prevista da pedagogia freiriana. Entre outras coisas, elas buscam centrar-se em questões sociais empregando teorias extensivamente marxistas, como a teoria crítica de raça, a sala de aula "democrática" (ou seja, ingovernável) e a transformação de crianças em ativistas "com consciência crítica" e "agentes da mudança". Essas são, desde o início, as razões que levaram ao desenvolvimento da pedagogia freiriana.

Outras tendências são resultado indireto mas *não necessariamente acidental* da aplicação da pedagogia de Freire. Por exemplo, a abordagem de Freire não busca causar *diretamente* o desempenho fraco generalizado que facilmente se observa entre estudantes de praticamente todas as séries, em praticamente todas as habilidades acadêmicas básicas (leitura, escrita, matemática, conhecimento científico, conhecimento histórico e educação cívica particularmente), mas contribui de modo significativo para esse desempenho ruim. Parte desse fracasso provavelmente não é intencional. Freire alega que o seu programa está voltado para a alfabetização, e ainda assim esse resultado tão ruim é aceitável em seu método. Isso ocorre porque o método de Freire falha na área da educação, não prioriza a sala de aula e o propósito educacional, e afasta os estudantes dos objetivos de aprendizado acadêmico para aproximá-los do ativismo político. Por outro lado, em parte esse resultado provavelmente *é* intencional, já que Freire acusa todos os outros modelos de educação de conduzir à reprodução da sociedade que ele quer ver destruída na revolução cultural. Em outras palavras, Freire não quer uma educação que ensine as pessoas a terem sucesso numa sociedade que ele quer ver demolida.

Restam ainda outras tendências, como o ensino culturalmente relevante, que são pouco mais que a pedagogia freiriana reembalada de modo evidente e barato num domínio identitário-político mais contemporâneo (ou "desconstruído"). Existem ainda outras que se baseiam ou são consequências diretas da pedagogia de Freire quando esta é colocada em prática, incluindo até a aprendizagem socioemocional, que de resto tem uma genealogia pedagógica distinta (ou duas), mas tem sido explicitamente freiriana em sua abordagem há uma década pelo menos, se não remonta ao seu estabelecimento formal pela "educação infantil como um todo", em 1994. Também há tendências, como a educação sexual abrangente, que não têm *raízes* óbvias no trabalho de Freire, mas se infiltram na vida escolar e trabalham em prol de suas pautas usando especificamente o sistema de Freire (algumas outras, como a atenção dada à prática da "mediação docente" na educação, não são creditadas à pedagogia de Freire. A mediação docente é proveniente mais ou menos diretamente das ideias de outro nome controverso e influente na educação, Lev Vygotsky, e sua vaga noção de zona de desenvolvimento proximal (ZDP). Contudo essa ideia, a ZDP, contribui para o ambiente de aprendizagem baseada em projetos e modelos de aprendizagem entre pares, aos quais as "salas de aula democráticas" oriundas de Freire são associadas com eficiência nesses domínios).

Compreender a catástrofe que está em andamento em nossas escolas atualmente — tanto nas públicas como nas privadas — é, portanto, questão de compreender Paulo Freire e seu trabalho. A abordagem de Freire permitiu que comunistas da Grande Marcha usurpassem a nossa educação. Embora não seja necessária uma biografia completa de Freire, é preciso esclarecer alguns fatos de seu pensamento e abordagem.

PAULO FREIRE E A TRANSFORMAÇÃO DA EDUCAÇÃO

Paulo Freire não foi meramente um educador. Ele foi um pós-colonialista radical e um marxista. É preciso também compreendê-lo como uma figura religiosa, especificamente um teólogo da libertação, ou pelo menos um devoto da teologia da libertação, que podemos descrever como marxismo disfarçado de catolicismo. Os registros religiosos na pedagogia de Freire — na teologia do marxismo — não são meramente casuais nem secundários. Eles são absolutamente fundamentais para o seu trabalho, que, portanto, deve ser reconhecido como uma forma explícita e intencional de ensino religioso. Na realidade, seria melhor considerar que Paulo Freire foi o principal divulgador da teologia e da prática do marxismo na última metade do século XX. No final das contas, o mais simples resumo do extenso conjunto da obra de Paulo Freire é que ele *marxificou* a educação, transformando-a em um tipo de ensino religioso que o nosso estado atualmente respalda, financia, apoia, promove e demanda.

Dizer que Freire "marxificou" a educação não é dizer que ele injetou ideias marxistas nela, e também não é dizer que ele a adaptou para que servisse à doutrinação marxista, como nós geralmente a compreendemos. Freire transformou a própria teoria da educação (pedagogia) numa teoria da pedagogia marxista. Ele mudou até o significado do que é ser educado (ou letrado) da mesma maneira.

Freire criou uma teoria marxista do *conhecimento* que permeia toda a sua teoria da educação, e construiu uma práxis marxista de reforma do pensamento em torno dela. Esse é o seu legado.

Suas escolas — as quais praticamente todas as nossas crianças na América do Norte frequentam, ao menos até certo ponto —, portanto, tratam a educação como um marxista a trataria se *o conhecimento propriamente dito* fosse entendido como um tipo de capital cultural que Marx, se visse isso dessa maneira, aboliria. Em minha opinião, é principalmente por esse motivo que as escolas norte-americanas têm fracassado tão completamente em ensinar as crianças a ler, escrever e fazer cálculos matemáticos, entender História e educação cívica, e tornarem-se cientificamente instruídas, mesmo no nível da série em que estão, apesar dos substanciais e cada vez maiores recursos (públicos ou outros) que são destinados à tarefa da educação. A finalidade do que as escolas freirianas consideram "educação" não poderia estar *mais distante* disso — na realidade, a sua finalidade é transformar nossos filhos em marxistas.

Nos Estados Unidos como um todo, o fracasso no desempenho escolar, particularmente nas escolas públicas, é absolutamente condenável, até mesmo por padrões internacionais que são um tanto torpes. Embora isso varie de acordo com a disciplina, série e o estado, nas escolas públicas norte-americanas em geral, menos de um terço dos estudantes têm desempenho dentro da média. O analfabetismo e a incapacidade em matemática são cada vez mais a norma (e não a exceção), a ser enfrentada com demandas crescentes por programas, dinheiro e "igualdade", outra finalidade marxista. Nada disso funcionará enquanto a pedagogia de Freire estiver instalada no cerne da educação. Seria mais proveitoso colocar fogo no dinheiro (ou deixar que as pessoas fiquem com ele).

Enquanto isso, as salas de aula ficam cada vez mais fora de controle graças a tendências relacionadas (marxistas), como a "justiça restaurativa", e estudantes vão sendo pouco a pouco afastados do processo escolar e do conteúdo acadêmico em suas escolas. Esse exorbitante fracasso está acontecendo num cenário de padrões e avaliações aparentemente muito rigorosos (todos os estudantes são bem-sucedidos, núcleo comum etc.), envolvimento excessivo e doações de fundações[5] e ONGs[6] agora suspeitas, e rios de dinheiro federal e estadual adicional despejados nas escolas — muitas vezes destinado de maneira ilegítima, até mesmo por meio da Lei CARES, que destinava recursos de assistência na pandemia de coronavírus. Muitos fatores contribuíram para o fracasso da educação nesse aspecto, mas pouco se fala diretamente a respeito do enorme impacto das ideias desastrosas de Paulo Freire, as quais não podem levar ao sucesso acadêmico, por mais dinheiro que seja desperdiçado para impulsioná-las. Na realidade, razões não faltam para acreditarmos que quanto mais essas abordagens forem financiadas, *piores* serão os resultados.

O GRANDE GOLPE DA EDUCAÇÃO NORTE-AMERICANA

Por esse motivo, a pedagogia crítica de Paulo Freire é um abjeto *fracasso antieducacional*, que deveria ser extirpado tanto do nosso ambiente de educação primária e secundária quanto das faculdades de pedagogia o mais rápido e mais completamente possível. Na verdade, ela jamais deveria ter sido adotada, e as pessoas que se encarregaram de colocá-la em prática deveriam ser responsabilizadas pelos danos inacreditáveis que ela causou em *quarenta anos* de interferência. Essas ideias eram terríveis e infundadas já quando foram escritas nos anos 1960 e quando foram aceitas na América do Norte nos anos 1980, e não tiveram nem uma gota de aprimoramento nas décadas que se seguiram. A sua adoção e inclusão, primeiro nas faculdades de pedagogia norte-americanas, depois nas escolas primárias e secundárias, deve ser considerada um dos maiores escândalos acadêmicos na História mundial. Sem dúvida, a usurpação "crítica" da educação deve ser considerada nada menos que um crime contra a humanidade.

Freire não cita nem faz referência a praticamente *nenhuma* autoridade educacional, mas baseia seu trabalho em indivíduos como Karl Marx, Vladimir Lenin, Che Guevara, Fidel Castro, Rosa Luxemburgo, Ivan Illich, Dom Hélder Câmara, Herbert Marcuse, Erich Fromm e Georg Wilhelm Friedrich Hegel; só esse fato já deveria ter sido inadmissível o suficiente para que a adoção em larga escala do seu trabalho fosse evitada. Em vez disso, seu trabalho foi usado como prova da necessidade de uma reestruturação radical de toda a teoria e prática educacional. (Por acaso, ou talvez ironicamente, os simpatizantes do marxismo reformadores do ensino no movimento de "reforma social", que precedeu a pedagogia crítica — Dewey, Counts, Vygotsky — podem ser responsáveis por grande parte da aparente necessidade de reformular uma metodologia educacional falha.) As dimensões do escândalo e do que ele roubou das nossas sociedades são tão inacreditáveis que chega a ser difícil relatá-las.

No entanto, graças aos contínuos esforços ("práxis") dos educadores marxistas críticos, sobretudo do discípulo e divulgador de Freire, Henry Giroux — um comunista declarado —, o trabalho de Freire acabou sendo acolhido no coração do cânone educacional acadêmico norte-americano. Esse acontecimento se deve, em grande parte, ao incansável trabalho de Giroux e de outros pedagogos críticos nos anos 1970 e 1980. Todavia, deve ser atribuída a ele a maior parte da culpa por essa abominável façanha, já que ele se empenhou pessoalmente durante a primeira metade da década de 1980 para que pelo menos cem marxistas críticos fossem contratados como professores em faculdades de pedagogia. Dessa maneira, quando o livro de Paulo Freire, *Política e educação*, de 1985, irrompeu no cenário norte-americano depois de obter uma crítica favorável na *Harvard Educational Review* no mesmo ano, estava estendida a pista da pedagogia crítica e o avião que carregava esse modelo educacional fracassado poderia pousar no meio educacional norte-americano.

A práxis de Giroux foi por sua vez facilitada pelo incansável trabalho de incontáveis marxistas críticos, entre eles muitos membros antigos da organização terrorista radical conhecida como *Weather Underground*. Esses "radicais dos anos 1960", após os fracassos das revoluções neomarxistas do final da década de 1960, afastaram-se do ativismo radical direto e enveredaram pelo ativismo voltado para a educação infantil e para as universidades, sobretudo as faculdades de pedagogia. O pedagogo crítico Isaac Gottesman (2016, p. 1), da Universidade Estadual de Iowa, documenta essa guinada no parágrafo de abertura do seu livro *The Critical Turn in Education*, que narra a pedagogia do marxismo *woke* da educação desde os anos 1970 até os dias atuais.

> Para a pergunta: 'Para onde foram todos os radicais dos anos sessenta?', a resposta mais precisa, observou Paul Buhle (1991) em seu clássico *Marxism in the United States*, "seria: nem para os cultos religiosos nem prosperaram em carreiras bem pagas, mas para a sala de aula" (p. 263). Depois da queda da Nova Esquerda, surgiu uma nova esquerda, uma Esquerda Acadêmica. Para muitos desses jovens acadêmicos o pensamento marxista, e particularmente o que alguns chamavam de "marxismo ocidental" ou "neomarxismo" (e que eu chamarei de tradição

marxista crítica), foi uma âncora intelectual. Quando os participantes das políticas radicais dos anos sessenta entraram na faculdade, conquistaram cargos acadêmicos e passaram a publicar, a guinada crítica começou a mudar o mundo acadêmico por meio das humanidades e das ciências sociais. O campo da educação não foi exceção.

Essa transferência das ruas para as salas de aula aconteceu seguindo pelo menos em parte o conselho estratégico de Herbert Marcuse (1972, p. 55), o mais importante marxista crítico dos anos 1960 e 1970. Ele sinalizou que esse era o caminho mais proveitoso para que se alcançasse uma eventual revolução por meio da "longa marcha através das instituições" em seu desesperado livro *Counter-revolution and Revolt.* Ele explica a questão da seguinte maneira:

Para ampliar a base do movimento estudantil, Rudi Dutschke propôs a estratégia da grande marcha pelas instituições: trabalhar contra as instituições estabelecidas enquanto se trabalha dentro delas; mas não apenas "marcando presença", e sim "colocando a mão na massa", aprendendo a programar computadores, a ensinar em todos os níveis de educação, a usar os meios de comunicação de massa, a organizar a produção, a reconhecer e evitar a obsolescência programada, a planejar etc., e preservando ao mesmo tempo a própria consciência ao trabalhar com os outros.

Essa infiltração na esfera educacional — *em todos os níveis* — segundo Marcuse, deveria acontecer paralelamente ao estabelecimento de uma mídia esquerdista, portanto esses objetivos dependem bastante de uma transformação na educação. Ele é bem explícito ao mencionar esse plano.

Destaquei o papel central que as universidades desempenham no presente período: elas ainda podem funcionar como instituições para o treinamento de contrafuncionários. A "reestruturação" necessária para que esse objetivo seja alcançado significa mais do que firme participação estudantil e aprendizado não autoritário. Tornar a universidade "relevante" para o hoje e o amanhã significa, em vez disso, apresentar os fatos e forças que fazem da civilização o que ela é hoje e o que ela pode ser amanhã — e isso é educação política. Porque a

History, de fato, se repete; é essa repetição da dominação e da submissão que deve ser detida, e detê-la implica conhecer a sua gênese e as maneiras pelas quais ela é reproduzida: pensamento crítico (Marcuse, 1972, p. 56).

Em seu livro *Política e educação*, Freire dedica um capítulo inteiro ao "processo de alfabetização política", que ele identifica como o objetivo principal da educação. Desse modo, muito do seu trabalho pode ser compreendido como uma corrente profunda dentro desse curso de pensamento e ativismo neomarxista: um projeto para assumir o controle de *tudo* de dentro para fora, uma vez dentro, "colocar a mão na massa" conferindo consciência ao novo papel. Ou seja: segundo dois professores de estudo de gênero da Universidade do Arizona, Breanne Fahs e Michael Karger, a educação deveria ser transformada num veículo para replicação "viral" da ideologia, que assim poderia "infectar" outros domínios da vida saindo para o mundo junto com os estudantes reprogramados. Ou seja, assim como os vírus sequestram e roubam o organismo de uma célula para produzir mais vírus, essa visão sequestra e rouba a educação para criar ativistas e ideólogos que penetrarão no mundo profissional para infectar disciplinas, instituições e indústrias com marxismo.

A educação para Marcuse, bem como para Freire, deve ser educação política. Portanto a educação pode ensinar os alunos a reproduzirem o sistema vigente ou ensiná-los a se tornarem "agentes da mudança" para "libertar" a humanidade dele. Nesse aspecto, Paulo Freire é uma das mais importantes ligações entre as cinzas moribundas do marxismo crítico em meados do século XX e a revolução marxista *woke* que tomou conta do mundo na segunda e na terceira décadas do século XXI. Ele é o grande renovador da fé no marxismo.

É nesse sentido — de que a educação pode reproduzir o sistema atual ou então criar as condições para o seu fim na revolução (marxista) — que Freire "marxificou" a educação, pelo menos superficialmente. Esse truque sujo divide a educação em duas, imediatamente. A educação existente é classificada como falsa, ideológica e até machista (ou intolerante), e o programa de educação marxista passa a ser a única possibilidade de liberdade. Essa falsa escolha moralista é a base para toda a fraude educacional freiriana que se segue e permite que a educação seja impiedosamente usurpada dos seus principais beneficiários e interessados: a sociedade, os pais e os nossos filhos.

Nos capítulos seguintes, nós investigaremos Paulo Freire mais a fundo, saberemos como ele marxificou a educação e o que isso significa. Depois disso, nós dedicaremos vários capítulos aos principais programas operacionais contidos na educação freiriana. No final deste livro, a reforma freiriana do pensamento ficará bem clara para qualquer um que examine os contextos educacionais norte-americanos, e será entendida como a manipulação marxista (de nossas crianças) que ela é.

QUEM FOI PAULO FREIRE?

Como já foi mencionado, não é necessário apresentarmos aqui uma extensa biografia de Paulo Freire e uma documentação completa sobre a devastação que ele infligiu à educação brasileira, mas alguns detalhes serão úteis para que possamos compreender o seu método. Em todas suas obras publicadas, principalmente em seus dois livros mais conhecidos, *A pedagogia do oprimido* (1968) e *Política e educação* (1985), ele revela o suficiente acerca do seu caráter por meio dos nomes que repetidas vezes invoca: Karl Marx, G. W. F. Hegel, Vladimir Lenin, Mao Zedong, Fidel Castro e — com destaque especial — Che Guevara. Raros são os teóricos da educação (pedagogos) que ele alguma vez mencionou ou citou como referência, ou cujas teorias tenha colocado em prática.

E por que ele as teria colocado em prática? Outras teorias da educação, como dissemos há pouco, falhariam segundo os padrões freirianos; pois como trabalham no sentido de educar os estudantes, acabariam levando-os a aprender a reproduzir o sistema "opressivo" existente. Freire não quer que esse sistema seja reproduzido. Seguidores de Freire, como Henry Giroux, implementaram o seu sistema especificamente como a solução para o que marxistas da metade do século xx chamavam de "o problema da reprodução": as instituições da sociedade, especialmente a educação, pareciam reproduzir naturalmente a sociedade em que operavam. Portanto, os seguidores de Freire se juntaram a ele em sua "esperança utópica" baseada na crítica implacável e incessante a tudo o que existe. Movido pela fé que sustenta essa esperança, Freire exige *repetidamente*, dezenas e dezenas de vezes, uma categórica e *perpétua* revolução cultural, que derrubaria todas as "estruturas desumanizantes" num ciclo perpétuo de destruição. Essa sociedade será demolida, a sociedade que a substituir também será demolida, assim como a sociedade que substituir essa última, e assim por diante... até a utopia.

Freire, portanto, em vez de construir algo com base na teoria da educação, sobe num palanque para denunciar tudo o que aí está, e anuncia uma teoria marxista da educação — enquanto fala com generosidade das mais famosas figuras marxistas nos maiores movimentos comunistas do século XX. Nesse processo, nas próprias palavras de Freire, os alunos devem ser educados para que aprendam a "Dizer a palavra a fim de proclamar o mundo" (isso deverá provocar calafrios nos leitores cristãos, pois esse é literalmente o papel destinado unicamente a Deus na Bíblia; aprender a fazer isso como homens corresponderia a adquirir a *gnose* de que podemos ser como deuses.) Esse mundo é a utopia crítica marxista no final da história.

PAULO FREIRE, PÓS-COLONIALISTA RADICAL

Para entendermos melhor como Freire pôde cometer equívocos tão grandes quanto ao propósito da educação, talvez nós precisemos (ironicamente) entender o contexto em que Freire se inseria. Em razão da desordem política no Brasil, a família de classe média de Paulo Freire viu-se em sérias dificuldades na juventude dele, mergulhada numa extrema e devastadora pobreza. As cicatrizes que essa injustiça deixou em Freire obviamente moldaram de maneira profunda a sua concepção sobre sociedade e colonialismo na América Latina. De fato, a experiência o levou a adotar um grau considerável de ativismo e pensamento pós--colonialista (e influenciado pelo marxismo) radical, bem como uma tendência ao liberacionismo (marxista) e um sentimento de solidariedade (marxista) para com os pobres do Terceiro Mundo. Particularmente ressentido com os programas comunitários colonialistas, Freire queria inspirar os camponeses do Brasil a se unirem em um levante e retomarem as suas vidas.

Já intensamente impregnado dessa disposição de espírito ressentida, Freire iniciou seu trabalho em educação no contexto da alfabetização de adultos em nações colonizadas do Terceiro Mundo em 1950 e no início da década de 1960 no Brasil. Nesse sentido, ele foi um pós-colonialista radical nos moldes do algeriano Frantz Fanon, que defendia a violência como meio de resgatar o sentido de identidade do estado colonizado. Portanto, esse pós-colonialismo radical considerava que o único remédio contra o colonialismo era a destruição completa da cultura colonizadora a fim de que o que estava lá — na raiz de tudo — antes que ocorresse a colonização, fosse restaurado. Nesses ambientes do Terceiro Mundo livres da mancha da colonização, os pós-colonialistas imaginam um passado mais idílico antes do colonialismo (e os marxistas mantêm a mesma fantasia quanto a industrialização). A industrialização expandiu-se com os colonizadores estrangeiros — declara Freire —, e despojou os fazendeiros (que até então estavam no centro das suas comunidades), mudando a sociedade, passando-os do centro para a margem. Freire descreve isso claramente como um ato de violência.

A percepção não estrutural do analfabetismo revelou uma visão equivocada dos analfabetos como pessoas que estão à margem. No entanto, aqueles que os consideram marginais precisam reconhecer a existência de uma realidade em relação à qual eles estão à margem — não apenas um espaço físico, mas também realidades históricas, sociais, culturais e econômicas, ou seja, a dimensão estrutural da realidade. Dessa maneira, os analfabetos devem ser considerados como seres "fora de", "à margem de" alguma coisa, uma vez que é impossível estar à margem em relação a nada. Mas estar nessa condição implica necessariamente um movimento, daquele de quem se diz estar à margem, indo do centro para a periferia. Esse movimento, que é uma ação, pressupõe não apenas um agente, mas também razões. Se admitirmos a existência de homens "fora da" ou "à margem da" realidade estrutural, parece legítimo perguntar qual é o autor desse movimento do centro da estrutura para a sua margem. Serão aqueles dos quais se diz estarem à margem — entre os quais se encontram os analfabetos — que decidem deslocar-se para a periferia da sociedade? Se assim for, a marginalização é uma escolha com todas as suas implicações: fome, enfermidade, subnutrição, dor, deficiência mental, morte, criminalidade, promiscuidade, desespero, impossibilidade de ser... Portanto se a marginalização não é uma escolha, o homem marginalizado foi rejeitado e é mantido fora do sistema social, tornando-se objeto de violência (Freire, 1985, p. 47-48).

Embora não faça, a exemplo de Fanon, apelos diretos para a realização de violência restauradora, Freire fala aqui no mesmo contexto pós-colonial radical, mas o que ele propõe é também marxista. Seguindo abertamente as ideias do pai do marxismo cultural, o húngaro Georg Lukács, conforme escreveu em seu livro de 1923, *História e consciência de classe*, Freire reconhece o axioma do marxismo cultural de que *o poder se situa no centro da sociedade* a partir do qual o todo pode ser visto e movido. Pense por um momento: com que frequência você ouviu falar nas palavras "centro" e "descentralizar" em conversas a respeito de educação, em situações nas quais elas não pareciam fazer sentido antes disso?

Freire afirma que a colonização, a modernização e a industrialização chegaram e deslocaram as populações indígenas do centro para a margem, tirando-lhes, assim, o poder de maneira injusta, e o fizeram sobretudo por sua condição de *conhecedores*. Os "conhecimentos" coloniais instalaram-se no centro e desalojaram os "conhecimentos" do povo existente, contra a vontade deste último e como um ato de violência. Para Freire, a incapacidade de ler está intrinsecamente ligada à condição de marginal na circunstância colonizada. No mundo de Freire, ninguém precisava ser educado até que a sociedade mudou e começou a dar valor à educação formal, incluindo a alfabetização básica, que injustamente degradou os analfabetos (esse é o ponto principal da primeira metade do sexto capítulo de *Política e educação*).

Na concepção de um ofendidíssimo Freire, os camponeses, que não sabiam ler nem escrever, eram importantes para as suas comunidades até que a necessidade de serem alfabetizados (sob condições impostas por outros) passou a dominar a sociedade. Essa necessidade foi acompanhada da pressão para se tornar educado e assim conseguir trabalhar para o burguês colonizador nessas condições. Em outras palavras, toda uma nova aparelhagem social e um maquinário social para produzi-la e mantê-la surgiu e substituiu o que havia antes. Essa é a visão pós-colonialista marxista da sociedade industrial e colonizada.

No entender de Freire, a educação estava associada à criação e à manutenção desse novo mundo — sobretudo a educação nos moldes estrangeiros (isto é, na língua portuguesa).[7] Entretanto, os colonizadores burgueses que reorganizaram a sociedade usando trabalho "educado" como referência estabeleceram toda uma estrutura social e profissional nova que determina quem é e quem não é "educado" o suficiente para ser capaz de participar desse novo escalão superior da sociedade. Por outro lado, eles projetaram a própria "educação", incluindo os métodos de alfabetização (especialmente os voltados para camponeses), de modo a reproduzir e inculcar esses valores nos estudantes, predominantemente por meios artificiais (como o equivalente brasileiro ao que os que falam em língua inglesa chamariam de "fonética"). Isso lhes permite aprovar aqueles que eles desejam admitir na sociedade "educada" e excluir e marginalizar aqueles que não se encaixam no modelo "educado" de acordo com seus próprios padrões injustos, se não fraudulentos.

Dessa maneira, a teoria da conspiração marxista padrão ressurge por trás do projeto de Freire. Freire postula que certas pessoas declararam ter um tipo especial de bem cultural que as privilegia em relação a outras, no caso em questão "ser educado" ou "ser letrado". Eles usaram essa reivindicação egoísta para estruturar a sociedade de modo a serem favorecidos por uma vantagem que é vedada a outros, afastando os grupos uns dos outros e até mesmo deles próprios, enquanto os fazia afundar num confuso conflito social. Ele então esboça uma maneira de redefinir "politicamente" a alfabetização para que os que foram espoliados por essa estrutura imposta de sociedade possam se rebelar contra ela, e possam se ver como conhecedores intrínsecos possuidores do conhecimento fundamental necessário para transformar a sociedade, promover uma revolução e tirar proveito dos meios de definir "alfabetização" e "educação" a fim de permitir um futuro mais justo, no qual ninguém se afaste de si mesmo nem dos outros. Essa visão distorcida é a base para o que eu chamo de "pedagogia do marxismo" de Freire, que permite que a pedagogia crítica desenvolvida com base nela usurpe em larga escala a educação.

Vale notar que na sua juventude, antes de ser exilado, Freire entendia esse sistema principalmente em termos de destituição colonial, embora isso tenha raízes marxistas e ele tenha recebido algumas ideias marxistas e da teologia da libertação por influência de Dom Hélder Câmara, com o qual ele colaborou pela primeira vez em 1961 no Recife. Esses homens voltaram a se encontrar mais tarde em Genebra, quando Freire cumpria um compromisso no Conselho Mundial de Igrejas, e Câmara visitava a Suíça graças ao perigoso convite de Klaus Schwab, de 1974, para o terceiro encontro anual do Fórum de Administração Europeu — que mais tarde teve o seu nome mudado para Fórum Econômico Mundial, em Davos. Depois do seu exílio, primeiro do Brasil e depois da Bolívia, ambos em 1964, Freire estudou teologia da libertação e marxismo mais a fundo no Chile, e adaptou essas ideias ainda mais profundamente dentro do seu modelo de pensamento. Devemos ter em mente que esses dois sistemas proporcionaram a estrutura basilar para a teoria da educação de Freire.

A PEDAGOGIA DO MARXISMO

Toda a pedagogia de Freire se inicia a partir de uma mentalidade pós-colonialista, e isso nos ajuda a entender uma tendência que costuma ser confusa na educação atualmente: o fenômeno da *descolonização*. O objetivo do pós-colonialismo é a descolonização. Para Freire, a colonização do sistema conhecido — portanto da educação e da alfabetização — é o principal motivo pelo qual a educação produz e reproduz a sociedade estratificada e injusta, inclusive por meio dos chamados programas educacionais "*humanitários*" que, acredita ele, treinam pessoas para aceitar essa opressão. Uma educação descolonizada com um currículo descolonizado relevante para os que foram marginalizados pelo colonialismo é, portanto, necessária para lhes proporcionar uma educação autêntica. Essa hipótese de currículo colonizado e "descolonizador" abre abundantemente caminho na educação hoje em dia em grande parte graças a Freire (em larga medida por meio do trabalho de um pedagogo crítico posterior, Joe L. Kincheloe).

NOTA A RESPEITO DE RAÍZES FILOSÓFICAS MAIS PROFUNDAS

Essas ideias radicais não apareceram do nada nos anos 1950 e 1960 já formadas. Suas raízes são mais antigas. Na tese resumida acima, Freire reproduz Karl Marx e Jean-Jacques Rousseau, nos quais essas ideias marxistas específicas têm suas raízes, e mais remotamente Giambattista Vico, que pode ser considerado uma figura central no nascimento do construtivismo linguístico-social e a grande inspiração para a ênfase de Freire em "dizer a palavra para proclamar o mundo". Seja como for, o esquerdismo desde Rousseau mostrou-se cético ao extremo com relação ao mundo civilizado — uma das mais conhecidas frases de Rousseau é: "O homem nasce livre, mas por toda parte encontra-se acorrentado" — e se encantou com o conceito do bom selvagem.

O pós-colonialismo não é exceção a essa tendência, e vê o bom "selvagem" pré-colonizado como algo que a todo custo deveria ter permanecido intocado pela "civilização" que os europeus decidiram constituir, que forma as "correntes" socialmente construídas das quais Rousseau reclamou.

Marx, diga-se de passagem, tem uma visão parecida a respeito da industrialização ou, de modo mais geral, a respeito do bom trabalhador colonizado pelas pressões da divisão do trabalho. Esses conceitos, tomados ou como algo abstrato ou como realidades coloniais, são a raiz do personagem nobre e inocente oprimido, desde os selvagens de Rousseau, passando pelo proletariado de Karl Marx, até as minorias identitárias dos marxistas *woke*. Eles são os inocentes antes da Queda do homem, que para Marx chegou com a invenção da propriedade privada e a divisão do trabalho, e para os pós-colonialistas radicais veio com o estabelecimento da civilização europeia como "civilização" propriamente dita. Para Freire, esse inocente nobre é o conhecedor que não teve os seus saberes "concretos" engolidos por uma "educação formal" burguesa colonialista. (P.S.: embora seja um tema mais apropriado para outro livro, todas essas concepções são formas modernas e pós-modernas de gnosticismo coletivista — em Gênesis 3, a serpente adverte Eva de que ela nascera livre, mas mesmo assim está presa por "correntes" feitas por Deus e perpetuadas pela sua ignorância, causada pela proibição de adquirir conhecimento do bem e do mal, que a libertaria. Na reinvenção marxista desse mistério religioso, os árbitros "burgueses" da sociedade fazem do demiurgo intrinsecamente mau e corrupto, o carcereiro do homem.)

Embora as diferentes filosofias de Rousseau e de Marx (e outros) lidem com esses assuntos de maneira um tanto diversa, elas compartilham vários pontos em comum importantes para o pensamento esquerdista. Elas consideram o homem inerentemente dualista, com uma forma "genuína" imaculada dentro da forma externa de um "ser humano" socialmente condicionado e fisicamente limitado ("o fantasma na máquina"). Sim, mesmo Marx em todo o seu suposto materialismo vê o homem Absoluto (que é perfeitamente socialista e se lembra da sua verdadeira natureza de "ser genérico" que transcende a propriedade privada) como espiritualmente dualista dessa forma! Eles todos também tratam o "bom selvagem" (ou trabalhador, ou camponês) como detentor de algo cuja nobreza é imaculada — ou não caída — em razão da opressão imposta a eles, uma espécie de segunda visão que habilitaria as pessoas a mais posições civilizadas, burguesas ou privilegiadas para entender algo essencial sobre o mundo que habitam e, por outro lado, que criam. Todos, portanto, estão no banco do motorista do grande processo dialético da História, que é o caráter definidor do esquerdismo pelo menos desde a morte de Hegel, em 1831: selvagens feitos para viver em cidades (Rousseau), homem feito (Socialista) para viver em sociedade (Marx), indivíduos remodelados para viver em sociedade (marxistas críticos) e indivíduos com identidade de grupo feitos para viver como cidadãos do mundo (marxistas *woke*). Foi justamente essa ideia de

Rousseau, "selvagens feitos para viverem nas cidades", que recebeu o nome de *aufheben* e assim inspirou Hegel, e então Marx e depois os demais restantes, entre eles Freire e seus herdeiros intelectuais nas faculdades de pedagogia e salas de aula dos dias atuais. Para Freire, trata-se de autênticos conhecedores feitos para viver em uma democracia ideal, que para os marxistas existe somente sob o comunismo, e para os pós-colonialistas existe apenas quando todo e qualquer vestígio de imperialismo e colonialismo for arrancado pela raiz.

Desses pontos que examinamos anteriormente, o mais importante é entender que a reorganização da educação de Freire em uma teoria marxista da educação, da alfabetização e até do conhecimento faz parte de uma longa corrente de pensamento da "esquerda dialética", que tem início em meados do século XVIII e abarca muitas ramificações que ocasionalmente se separam e se recombinam. Contudo essas divisões são feitas principalmente para o contexto histórico e filosófico, e não são o essencial do que Freire fez para a educação nem do que as suas escolas fazem com as nossas crianças.

OS PRINCIPAIS LIVROS DE FREIRE

Paulo Freire teve dezenas de livros publicados, mas é provável que quatro deles sejam os mais importantes. Sem dúvida, o livro mais conhecido de Freire é *Pedagogia do oprimido*, de 1968. Esse livro ocupa um lugar privilegiado em quase todos (senão em todos, literalmente) os atuais programas de educação da América do Norte. Nesse trabalho, Freire apresenta os princípios básicos da sua filosofia da educação, que é essencialmente marxista, pós-colonialista e baseada em alguns conceitos simples, os quais nós examinaremos a fundo nas seções seguintes.

Nesse livro em particular, Paulo Freire (1968, p. 39) contesta a noção vigente de educação (que se poderia supor ser o modelo prussiano) caracterizando-a como um "modelo bancário" de educação. Esse modelo, ele alega, trata os estudantes como se fossem caixas de banco nos quais os professores depositam conhecimento que mais tarde pode ou não ser capitalizado pelos estudantes. Seu programa é descaradamente radical, como ele resume com perfeição em *Pedagogia do oprimido*, numa passagem citada com muita frequência nos livros de pedagogia modernos:

Quanto mais radical a pessoa é, mais plenamente entra na realidade para que, conhecendo-a melhor, possa transformá-la melhor. Esse indivíduo não tem medo de confrontar, de ouvir, de ver o mundo desvelado. Essa pessoa não tem medo de conhecer as pessoas ou de entrar em diálogo com elas. Essa pessoa não se considera proprietária da História ou de todos os povos, ou libertadora dos oprimidos; mas ela se compromete, dentro da História, a lutar ao lado deles.

Essa declaração, assim como muitas outras na obra de Freire, busca orientar para a esquerda aqueles que adotam o seu trabalho ou algum dos vários livros da área da educação que agora se baseiam em sua pedagogia radical. Entretanto, em minha opinião, a *Pedagogia do oprimido* — apesar do seu alcance, prestígio e número de citações — não é de maneira nenhuma o trabalho mais influente de Freire, nem a exposição mais clara da sua teoria da educação. Essa denominação é do seu livro de 1985, *Política e educação*, porque graças a ele o seu trabalho (incluindo o seu livro anterior, *Pedagogia do oprimido*) foi levado para as faculdades de pedagogia dos Estados Unidos. Embora a *Pedagogia do oprimido* e as obras de Freire já fossem bastante conhecidas do público norte-americano antes de 1985 — com efeito, ele lecionou em Harvard no final da década de 1960 —, elas só foram levadas a sério nas faculdades de pedagogia depois de uma crítica favorável, porém curta, de *Política e educação* na *Harvard Education Review* no ano da sua publicação. *Política e educação* incorpora grande parte do mais antigo (e vago) *Pedagogia do oprimido*.[8] (Seja como for, os livros não são muito diferentes em conteúdo — a teoria marxista é, para dizer o mínimo, bastante simples ao ser vista mais de perto, e a sua execução envolve principalmente a infinita repetição da mesma coisa em frases um pouco diferentes que seus autores parecem achar inteligentes.)

PAULO FREIRE CHEGA AOS ESTADOS UNIDOS

O próprio Freire foi levado aos Estados Unidos pela primeira vez em 1967 por dois padres: monsenhor Robert J. Fox e padre Joseph Fitzpatrick (que mais tarde se envolveram num escândalo de abuso sexual infantil) com a intermediação do padre progressista radical Ivan Illich, defensor do movimento pela "desescolarização".

O objetivo era fiscalizar as escolas da comunidade minoritária que Fox estava testando em Nova York. Pouco tempo depois da chegada de Freire aos Estados Unidos, a Universidade de Harvard ofereceu-lhe um cargo de professor pelo período de dois anos. E ele aceitou. Freire assumiu esse cargo em Harvard por apenas seis meses, em 1969, a fim de poder aceitar também um cargo no Conselho Mundial de Igrejas em Genebra, uma organização ecumênica. Foi no início do seu longo exílio do Brasil — primeiro para a Bolívia em 1964, e logo depois para o Chile — que Freire, na ocasião um pós-colonialista radical e educador experimental na área de alfabetização adulta, aprofundou-se intensamente no pensamento marxista, principalmente graças a contatos com diversos teólogos da libertação (isto é, marxistas que se passam por católicos). Paulo Freire escreveu seu primeiro livro importante, *Educação como prática da liberdade* (1967), bem como *Pedagogia do oprimido* (1968) no exílio.

Essa rede de padres também foi providencial para levar Freire e sua obra aos Estados Unidos, particularmente a Harvard. Uma vez em Harvard, o trabalho de Freire alcançou impacto modesto, sem conquistar nada muito abrangente. Ele recebeu um cargo para dar aula em Harvard, e convites para escrever alguns artigos para a *Harvard Educational Review*; esses artigos receberam pouca atenção e algumas menções em livros de teóricos da pedagogia crítica, já que aplicaram a crítica marxista à teoria e à prática educacional. A recepção a Freire permaneceu desinteressada e suas ideias continuaram desimportantes até que Henry Giroux se deparou com seu trabalho, em meados de 1970.

Na época, Giroux era um professor no subúrbio de classe média alta de Barrington, Rhode Island, um professor do ensino médio muito frustrado, além de crítico e esquerdista. Ele lutava para que sua metodologia e sua abordagem radicais (leia-se: lunáticas) fossem aceitas em sala de aula por sua escola e mais tarde por faculdades de pedagogia, particularmente a Universidade de Boston, que lhe negou um cargo muito provavelmente porque ele era um radical — na verdade, abertamente comunista. Em meio a essas dificuldades na segunda metade da década de 1970, chegou às mãos de Giroux um exemplar de *Pedagogia do oprimido*, e ele experimentou o que só se pode descrever como um fenômeno de conversão equivalente à do Caminho de Damasco na religião freiriana do marxismo centrado na educação. Veja como ele descreve isso em uma reflexão pessoal redigida em 2008:

QUEM FOI PAULO FREIRE?

Eu era professor do ensino médio e estava em sala de aula tentando fazer todo tipo de coisas inovadoras, e então o vice-diretor apareceu e disse "não quero os alunos sentados em círculo, eu os quero, você sabe, em linha reta" e blá-blá-blá, e eu não tinha resposta para isso. Me faltava a linguagem teórica, e por ironia uma semana antes alguém havia me dado um exemplar de *Pedagogia do oprimido*, e eu estava tão frustrado que fui para casa e li o livro. Fiquei acordado a noite inteira, vesti-me pela manhã e fui para a escola. Senti que a minha vida havia literalmente mudado. E é justo dizer que para mim, sem dúvida, Paulo Freire está falando das origens desse movimento nos Estados Unidos. Você pode falar sobre Dewey e os reconstrucionistas sociais, que falaram de democracia crítica e educação, mas nunca trataram de fato de pedagogia crítica; a obra de Paulo é realmente a primeira a marcar esse momento. Inegavelmente o arquivo (de pedagogia crítica) deveria começar aí (citado em *The Critical Turn in Education*, 2008, p. 74-75).

Giroux imediatamente passou a se corresponder com Freire, forjou um relacionamento e começou a trabalhar incansavelmente em sua "práxis" de ter ideias freirianas e "educação democrática" firmemente acomodadas, quando não centralizadas, em faculdades de pedagogia norte-americanas e outros círculos de educação. Giroux se encontrou pessoalmente com Freire em 1983, e seu relacionamento levou a visitas frequentes de Freire. Com a publicação de *Política e educação*, em 1985 — por meio do incansável evangelismo de Giroux (basta ver sua introdução entusiasmada a esse livro) e da "práxis" persistente de conseguir que marxistas radicais fossem efetivados em faculdades de pedagogia no final da década de 1980 — Freire tornou-se uma figura central nas faculdades de pedagogia norte-americanas. Gottesman observa que em 1992 "Freire havia emergido em todos os lugares" (2008, p. 25). Em suas palavras:

Como se percebe claramente até mesmo numa rápida consulta à literatura da área, nos últimos 25 anos a *Pedagogia do oprimido* tornou-se referência para indicar a crença de um estudioso na educação como um processo de emancipação dentro de uma ordem social injusta. E é preciso ressaltar que é a palavra "crítico" que tende a acionar a referência (Gottesman, 2008, p. 25).

A PEDAGOGIA DO MARXISMO

Essa é a chave para entender Freire. O que ele trouxe para a educação é que precisamos aprender a ver a opressão estrutural com os olhos de um marxista crítico se tivermos alguma esperança de formar um movimento para desbaratá-la. Mesmo os radicais, progressistas e marxistas clássicos da educação no contexto norte-americano não contavam com esse elemento, nem os neomarxistas radicais da década de 1960. Esse processo "educacional" no qual educação e política são dialeticamente combinados em uma atividade é útil para o marxismo no Ocidente livre e liberal porque, falando honestamente, essa opressão estrutural não existe realmente, pelo menos não de maneira significativa. Você tem de ser treinado, tem de passar por um processo "educacional" para ver essa opressão, e é isso que Freire oferece. Desse modo, Freire é, por extensão, o pai do *woke*, porque ser *woke* significa *aprender a enxergar opressão estrutural* em praticamente tudo *a fim de denunciá-la*, como um processo de despertar para um horrível mundo oculto. Os freirianos presumem que a opressão existe, e seu intuito é então preparar os "alunos" para vê-la.

POLÍTICA E EDUCAÇÃO

Política e educação é, sem dúvida, um livro curioso. O livro é basicamente um compêndio editado de ensaios de Freire, aparentemente escritos entre 1968 e 1985, e dos seis primeiros capítulos do livro, cinco explicam as ideias básicas da sua pedagogia (teoria da educação) de modo mais claro, detalhado e conciso do que na *Pedagogia do oprimido*. A exceção é o quinto capítulo, que trata do papel do assistente social, caracterizando assistentes sociais e professores como uma espécie de educadores cujo dever é alfabetizar politicamente as pessoas que estão sob seus cuidados. Esse capítulo, em minha opinião, prenuncia a implementação em larga escala da aprendizagem socioemocional (ASE), particularmente a "ASE transformadora" (que é bastante compatível com a terminologia, o tom e a intenção de Freire), abrindo caminho para que os professores passassem a ser considerados como trabalhadores sociais de fato, que devem interferir na vida e nos processos sociais e emocionais dos seus alunos, e também dar-lhes assistência em seu desenvolvimento acadêmico. A ativista educacional Linda Darling-Hammond, uma espécie de mãe da implementação da ASE nos Estados Unidos, cita Freire explicitamente ao tratar desse assunto em seu prefácio ao

Handbook of Social and Emotional Learning: Research and Practice [Manual de aprendizagem social e emocional: pesquisa e prática]. Para Freire, entretanto, em termos gerais, o objetivo de toda essa instrução é claramente político, e especificamente o objetivo é criar uma consciência marxista. Capítulos inteiros em seu livro de 1985 são expressamente dedicados a esses tópicos, que para Freire são o propósito verdadeiro porém oculto da educação.

Os cinco capítulos seguintes desse livro são definitivamente delirantes para um livro de pedagogia. O capítulo 7 é dedicado à ideia do papel crucial da conscientização (marxista), bem como de seu processo — em outras palavras, reforma do pensamento —, e expressa a necessidade de uma utopia de esquerda, apoiando abertamente o assassino guerrilheiro Che Guevara como uma figura ideal que representa esses conceitos (e o amor — um tema de peso para Freire) quando colocados em prática. O capítulo 8 destina-se a substituir a educação prática ou funcional por educação política, conclama expressamente para a revolução cultural perpétua como o objetivo da verdadeira educação e defende que educadores e alunos devem morrer e renascer em sua própria "Páscoa" marxista para realizarem o seu trabalho de maneira correta. O capítulo 10 elabora bastante essa ideia abertamente teológica, deixa de lado boa parte da pretensão e é totalmente voltado à teologia da libertação e à ligação com a Igreja, que é considerada como outro domínio educacional não muito diferente das escolas. O capítulo 9, no meio, oferece uma noção fortemente marxista a respeito do propósito mais profundo da educação sob a bandeira da "educação humanística", que devemos entender no sentido que Marx expressou quando explicou que a sua abordagem pretende humanizar o mundo, a sociedade, o homem. O capítulo 11 é um breve discurso de elogio ao caráter singular (leia-se: de charlatão) de James Cone, famoso por sua Teologia da Libertação Negra, que é um tipo de híbrido da teologia da libertação, do Evangelho Social do pastor batista Walter Rauschenbusch e do Liberalismo Negro (precursor pós-colonialista e neomarxista da teoria crítica de raça).

PAULO FREIRE, TEÓLOGO DA LIBERTAÇÃO

O tom religioso no livro *Política e educação* é tão explícito e fundamental para a pedagogia de Freire, que, em sua introdução ao livro, Henry Giroux observa que

Freire tem uma "visão profética permanente" para o que a educação significa e pode obter. Essa linguagem reflete o apelo de Freire para que as igrejas, bem como as escolas, sejam totalmente refeitas e se tornem "a igreja profética" (que profetiza uma utopia libertadora). Sem dúvida, vale a pena ler como Giroux descreve o trabalho de Freire na introdução que escreveu para *Política e educação*:

> O leitor descobrirá neste livro que Freire é um crítico implacável da igreja reacionária. Ao mesmo tempo, ele situa a sua fé e seu sentimento de esperança no Deus da história e dos oprimidos, cujos ensinamentos tornam impossível, nas palavras de Freire, "conciliar o amor cristão com a exploração dos seres humanos".
>
> No âmbito do discurso das teologias da libertação, Freire exibe um antídoto teórico poderoso contra o ceticismo e o desespero de muitos críticos radicais de esquerda. O caráter utópico de sua análise é concreto em sua natureza e em seu apelo, e tem como ponto de partida atores coletivos em suas várias posições históricas e a particularidade de seus problemas e formas de opressão. É utópico somente porque se recusa a recuar diante dos riscos e perigos que enfrentam todos os que desafiam as estruturas de poder dominantes. É profético no sentido de que vê o reino de Deus como algo a ser criado na terra, mas apenas por meio da fé em outros seres humanos e na necessidade de luta contínua. A noção de fé que emerge na obra de Freire é proporcionada pela memória dos oprimidos, pelo sofrimento que não devemos permitir que continue e pela necessidade de jamais esquecer que a visão profética é um processo permanente, um aspecto vital da própria natureza da vida humana. Em resumo, combinando os discursos da crítica e da possibilidade Freire alia a história à teologia para proporcionar a base teórica para uma pedagogia radical que associa esperança, reflexão crítica e luta coletiva. (Freire, 1985, p. xvii-xviii).

Para um livro de educação que muda paradigmas, é estranho notar o caráter explicitamente religioso de *Política e educação*. Como observamos nos capítulos 8 e 10, por exemplo, Freire afirma abertamente que para serem eficientes, os professores têm de viver pessoalmente uma espécie de "Páscoa" existencial que os desperte para uma consciência política marxista plena (caso contrário, eles são "necrófilos", amantes da morte, nas palavras do psicólogo neomarxista

Erich Fromm, que Freire cita). Na realidade, ele diz que esse é o único significado verdadeiro da Páscoa, e que sem isso os cristãos (bem como os educadores) seguem uma retórica morta que torna o evento nada mais do que uma data no calendário. Desse modo, Freire tacha literalmente a sociedade vigente e a Igreja Cristã de culto à morte, e qualifica todos os sistemas educacionais funcionais dentro dessa sociedade como modos de manter e de reproduzir esse mal. Sua resposta é igualmente religiosa: uma convocação para reconstruir inteiramente a educação e as igrejas, como uma maneira oposta de educação religiosa na consciência política do "lado dos oprimidos". Para alcançar essa meta, ele especificamente exorta os educadores a morrerem para a ordem social vigente e ressuscitarem como pessoas dotadas de consciência (marxista). E depois elas poderão compartilhar essa experiência com os seus alunos. Isso é simplesmente bizarro num livro de teoria da educação, principalmente um livro com esse grau de influência em uma explicitamente legítima sociedade secular — bizarro o suficiente para merecer uma longa e direta citação de seu décimo capítulo:

> A primeira exigência que este novo aprendizado lhes faz abala fortemente sua concepção elitista da existência, que haviam introjetado no processo de sua ideologização. Este aprendizado requer, como condição *sine qua non*, que eles façam realmente sua Páscoa. Isto é, que morram como elitistas para renascerem como revolucionários, por mais humilde que seja a sua tarefa como tais. Isto implica na renúncia de seus mitos, tão caros a eles. O mito de sua superioridade, o mito da sua pureza de alma, o mito de suas virtudes, o mito de seu saber, o mito de que sua tarefa é salvar os pobres. O mito da inferioridade do povo, o mito da sua impureza, não só espiritual mas física, o mito da sua ignorância absoluta. Cedo percebem que a indispensável Páscoa, de que resulta a mudança de sua consciência, tem realmente de ser existenciada. A Páscoa verdadeira não é verbalização comemorativa, mas práxis, compromisso histórico. A Páscoa na verbalização é morte sem ressurreição. Só na autenticidade da práxis histórica a Páscoa é morrer para viver. Mas uma tal forma de experimentar-se na Páscoa, eminentemente biofílica, não pode ser aceita pela visão burguesa do mundo, essencialmente necrofílica, por isso mesmo estática. A mentalidade burguesa — que vai muito além de uma abstração conveniente

— tenta matar o dinamismo histórico e profundo que tem a Páscoa e faz dela uma simples data na folhinha.

A ânsia da posse, que é uma das conotações da forma necrofílica de ligação com o mundo, recusa a significação mais profunda da travessia. Na verdade, porém, não posso fazer a travessia se carrego em minhas mãos, como objetos de minha posse, o corpo e alma destroçados dos oprimidos. Só posso empreender a travessia com eles, para que possamos juntos renascer como homens e mulheres libertando-nos. Não posso fazer da travessia um meio de *possuir* o mundo, porque ela é, irredutivelmente, um meio de *transformá-lo* (Freire, 1985, p. 122-123).

Para aqueles que percebem o que estão tentando fazer, essa é uma substituição das crenças teológicas cristãs relacionadas ao evento central da fé cristã, a morte e a ressurreição de Jesus Cristo, por uma fraude gritantemente marxista na qual o indivíduo morre para o mundo existente e ressuscita como um marxista ("homem socialista" consciente) — seu próprio "Cristo" marxista. Para Freire, isso cria uma incumbência para as igrejas, as quais ele vê operando como instituições educacionais paralelas, por isso a sua inclusão nesse livro sobre teoria e prática educacionais. Ele escreve:

Nenhuma Igreja poderá ser realmente profética enquanto seja refúgio das massas ou agência de modernização e de conservantismo. A Igreja profética não "refugia" as massas populares oprimidas, alienando-as mais ainda, com discursos falsamente denunciantes. Convida-as, pelo contrário, a um novo Êxodo. A Igreja profética não é tampouco a que, modernizando-se, conserva, estabiliza-se, adapta-se. Cristo não foi conservador. A Igreja profética, tal qual Ele, tem de ser andarilha, viageira constante, morrendo sempre e sempre renascendo. Para ser, tem de estar sendo. Por isso mesmo é que não há profetismo sem a assunção da existência como a tensão dramática entre passado e futuro, entre ficar e partir, entre dizer a palavra e o silêncio castrador, entre ser e não ser, à qual nos referimos antes. Não há profetismo sem risco (Freire, 1985, p. 139).

Essa heresia não é somente o embaçamento das fronteiras entre escola e igrejas, é também um avanço da teologia da libertação e uma reutilização dessa fé marxista na teoria e na prática educacional. Os teólogos da libertação na América do Sul, entre os quais o infame marxista "Bispo Vermelho" da própria Recife de Freire, Dom Hélder Câmara (a quem Freire defende em uma nota de rodapé em *Política e educação*), estão, sem dúvida, entre suas influências mais significativas. Diga-se de passagem que pelo menos dois outros protegidos de Câmara bastante famosos foram profundamente influenciados por sua opinião sobre a teologia da libertação: o argentino que mais tarde se tornaria o papa Francisco e o presidente executivo do Fórum Econômico Mundial e protegido político de Henry Kissinger, professor Klaus Schwab.

Devo lembrar o leitor de que a intenção de Freire nesse perturbador trecho sobre a Páscoa é insistir que essa "Páscoa marxista" é pré-requisito necessário para qualquer pessoa que queira ser líder ou educador religioso. Ele então diz que é papel do educador levar aos seus alunos "aprendizes" essa transformação de culto religioso mediante o renascimento. Essa é uma clara substituição da educação pelo que os comunistas chineses denominam "lavagem cerebral". Por esse motivo, devo lembrar também ao leitor que essas coisas estão escritas no livro que mudou o rumo das faculdades de pedagogia norte-americanas e o nosso legítimo sistema educacional público secular para transformá-las no que são hoje. É com base nesse ensinamento que o nosso sistema educacional foi refeito para ser (a "Páscoa real" da "práxis histórica" que a "mentalidade burguesa" não pode aceitar) de maneira que *quase todos os nossos filhos vão para as escolas freirianas.*

TORNANDO-SE DEUSES MARXISTAS

O tom flagrantemente religioso é constante em toda a obra de Freire. Por exemplo, já mencionamos a insistência de Freire de que na educação se deveria "aprender a dizer a palavra para proclamar o mundo", papel que é reservado a Deus, na Bíblia. Freire é bastante claro quando afirma que esse é o papel do homem que quer transformar a sociedade de acordo com a teoria marxista. Veja como ele inicia o capítulo 3 da *Pedagogia do oprimido*, onde aborda esse assunto em específico:

> Quando tentamos um adentramento no diálogo, como fenômeno humano, se nos revela algo que já poderemos dizer ser ele mesmo: a palavra. Mas, ao encontrarmos a palavra, na análise do diálogo, como algo mais que um meio para

que ele se faça, se nos impõe buscar, também, seus elementos constitutivos. Esta busca nos leva a surpreender, nela, duas dimensões; ação e reflexão, de tal forma solidárias, em uma interação tão radical que, sacrificada, ainda que em parte, uma delas, se ressente, imediatamente, a outra. Não há palavra verdadeira que não seja práxis. Daí que dizer a palavra verdadeira seja transformar o mundo. A palavra inautêntica, por outro lado, com que não se pode transformar a realidade, resulta da dicotomia que se estabelece entre seus elementos constituintes. Assim é que, esgotada a palavra de sua dimensão de ação, sacrificada, automaticamente, a reflexão também se transforma em palavreria, verbalismo, bla-bla-blá. Por tudo isto, alienada e alienante. É uma palavra oca, da qual não se pode esperar a denúncia do mundo, pois que não há denúncia verdadeira sem compromisso de transformação, nem este sem ação (Freire, 1968, p. 87).

O que você acabou de ler é literalmente uma interpretação logocêntrica da teologia marxista — marcando um retorno dialético para a práxis de Vico por meio da linguagem declarativa e do idealismo de Hegel. Para Freire (1985, p. 51), a educação será um processo de aprendizado para "transformar a realidade", o que é um projeto essencialmente marxista.

Ao ser uma reflexão crítica de ambos, educador-educando e educando-educador, o processo de alfabetização deve relacionar o ato de transformar o mundo com o ato de "pronunciá-lo". Não há "pronúncia" do mundo sem consciente ação transformadora sobre este. "Ação consciente" a que Marx várias vezes se referiu. Mas é necessário sublinhar-se, também, que há diferentes maneiras de "pronunciar o mundo". A das classes dominantes, que determina o silêncio das classes dominadas ou a aparência de sua voz, na sua recuperação por aquelas, e a das classes dominadas, que demanda sua organização revolucionária para a abolição das estruturas de opressão. A percepção de tudo isto é indispensável aos alfabetizandos, se nossa opção é realmente libertadora.

De fato, segundo Freire e Marx, transformar a realidade é o que torna os homens humanos e não meros animais — uma questão existencial (e teológica) crucial.

Imersos no tempo, em seu mover-se no mundo, os animais não se assumem como presenças nele; não optam, no sentido rigoroso da expressão, nem valoram. Seres históricos, inseridos no tempo e não imersos nele, os seres humanos se movem no mundo, capazes de optar, de decidir, de valorar. Têm o sentido do projeto, em contraste com os outros animais, mesmo quando estes vão mais além de uma rotina puramente instintiva (Freire, 1981, p. 44).

Sensibilidades cristãs à parte, somos obrigados a concluir, pelas próprias palavras de Freire, que ele é muito mais uma figura religiosa do que um teórico da educação, e seu programa educacional está muito mais próximo de ser ensino religioso explícito do que teoria da educação. Dessa maneira, levando-se em conta que essa pedagogia transmitiu informação e orientação às escolas públicas nos Estados Unidos e em seus cinquenta estados, é de se suspeitar que ela esteja sentada sobre uma contestação da cláusula de estabelecimento até então não reconhecida. São visíveis uma concepção do mundo, a vida nele e suas questões fundamentais, de modo que os deveres de consciência surgem do sistema de crença. Esses aspectos, contudo, são os critérios habituais para o reconhecimento de um sistema de crenças como uma religião, segundo a jurisprudência da Primeira Emenda da Constituição dos EUA. Não é algo que o Estado possa ordenar ou impor. No entanto, isso é assunto para um debate mais aprofundado em outro foro.

Contudo, antes de deixarmos de lado esse debate, devemos notar que ele é categórico no projeto de Freire, de um modo que deixa muitos pensadores contemporâneos perplexos. Freire abre o sexto capítulo de *Ação cultural para a liberdade* com uma breve seção curiosamente filosófica intitulada "Toda prática educativa implica numa concepção dos seres humanos e do mundo". Trata-se de um pouco de ilusionismo filosófico (de um vendedor de ilusões?) sobre o qual todo o restante do seu trabalho se justifica. A pretensão inicial contida nessa passagem é que não existe abordagem neutra para a educação, porque todas se apoiam em julgamentos de valor (políticos) enraizados em um conceito subjacente de homem e de mundo. Freire, então, apresenta a teologia marxista como o único conceito válido de homem e de mundo, ainda que não declare isso abertamente.

A experiência nos ensina que nem todo óbvio é tão óbvio quanto parece. Assim, é com uma obviedade que começamos este trabalho: toda prática educativa envolve uma postura teórica por parte do educador. Esta postura, em si mesma, implica — as vezes mais, as vezes menos explicitamente — numa concepção dos seres humanos e do mundo. E não poderia deixar de ser assim. É que o processo de orientação dos seres humanos no mundo envolve não apenas a associação de imagens sensoriais, como entre os animais, mas sobretudo, pensamento-linguagem; envolve desejo, trabalho-ação transformadora sobre o mundo, de que resulta o conhecimento do mundo transformado. Este processo de orientação dos seres humanos no mundo não pode ser compreendido, de um lado, de um ponto de vista puramente subjetivista; de outro, de um ângulo objetivista mecanicista. Na verdade, esta orientação no mundo só pode ser realmente compreendida na unidade dialética entre subjetividade e objetividade. Assim entendida, a orientação no mundo põe a questão das finalidades da ação ao nível da percepção crítica da realidade (Freire, 1985, p. 43-44).

Então não se trata apenas de saber se a educação é "neutra em termos de valores" (e os pedagogos críticos afirmam com frequência que a educação não pode ser neutra em relação a valores, e seus críticos muitas vezes são obrigados a concordar, colocando-os em território marxista). Trata-se da inserção de uma visão de mundo, não de valores somente, no que configura uma completa fraude intelectual (padrão do marxismo).

Essa fraude é desmascarada quando se percebe que Freire afirma com determinação que o sistema dialético marxista "no qual subjetividade e objetividade estão unidas" é o verdadeiro sistema para a realidade, e que é evidente que as pessoas estão mais ou menos cientes desse "fato", o qual Freire insiste ser "autoevidente". Como nós já sabemos, essa visão de mundo é a Teologia Marxista, claro. Realiza-se a fraude intelectual afirmando-se com insistência que todas as outras pessoas simplesmente não sabem como funciona de fato a realidade, motivo pelo qual elas não são capazes de perceber que é "evidente por si só" e, portanto, não se comparam a um educador freiriano no que diz respeito a orientar qualquer processo educacional.

Contudo, a natureza "autoevidente" desse sistema só é percebida quando ele é aceito, e é exatamente a mesma armadilha intelectual levada a cabo por Karl Marx em *Os manuscritos econômico-filosóficos* (1844), para forçar a aceitação do seu conceito idêntico de homem e de mundo. Desse modo, Freire reproduz a mentira que se oculta por baixo de todo pensamento marxista.

Em termos práticos, isso significa que discutir se a educação pode ou deve ser "neutra em termos de valores" é um equívoco que geralmente confere vantagem ao marxista (ou outro relativista). Não se trata de valores; trata-se de uma teoria subjacente do homem e do mundo. Valores existem *dentro* desses conceitos amplos que aglutinam e orientam outras filosofias (como uma teoria que aborda valores, que chamamos de axiologia), as quais denominamos "teologias" quando dizem respeito a uma concepção do Divino.

No Ocidente, abraçamos uma teoria liberal — não esquerdista — do homem e do mundo, que (o que é muito importante) traz em si a liberdade de consciência (consagrada na Primeira Emenda norte-americana). O esquerdismo claramente não permite tal liberdade, portanto não devemos confundi-lo com liberalismo, que é a escola filosófica em cujos princípios os Estados Unidos se fundamentam. Sob essa estrutura básica e voltada pela humildade, o estado não pode decidir qual concepção do homem e do mundo será imposta aos indivíduos além de uma estrutura básica bastante rudimentar que a bem da verdade é evidente por si só — somos seres capazes de algum raciocínio, e como resultado disso temos certos direitos inalienáveis que são assegurados para que não possam nos obrigar a ter uma concepção mais específica do homem e do mundo. Nossa capacidade de raciocínio é o que nos torna humanos, portanto o Estado não pode ditar o propósito da nossa capacidade de raciocínio — se devemos empregá-la para servir e glorificar a Deus, ou para nos submetermos a Alá, ou para transcender o sofrimento terreno trilhando o Caminho Óctuplo e alcançar o Nirvana, ou para descobrir a dialética sujeito-objeto a fim de percebermos a nós mesmos como sujeitos da transformação trabalhando para construir o mundo numa utopia marxista.

Então não é uma questão de *valores* de modo algum. É questão de saber como os valores são determinados, antes de mais nada. A aprovação dada pelo Estado à educação freiriana, que assume abertamente o conceito dialético marxista — segundo o qual em virtude do nosso ser nós devemos transformar o mundo para fins particulares (incluindo a edificação do reino de Deus aqui na Terra) — é, portanto, uma *clara* violação da Primeira Emenda nos Estados Unidos, da mesma maneira que seria uma violação endossar um conceito explicitamente cristão de homem e de mundo. Na verdade, sob um conceito freiriano, não seria possível para um cristão acreditar em Deus a não ser da maneira determinada pela teologia da libertação (*woke*), o que definitivamente viola os direitos desse cristão — ponto este que Freire deixou bastante claro com relação à "igreja profética" ao longo do capítulo 9 de *Ação cultural para a liberdade*! (Repare bem: as escolas freirianas podem existir sem problemas nos Estados Unidos, então, assim como outras escolas religiosas privadas podem, sujeitas às mesmas leis e políticas que norteiam qualquer escola religiosa, e devem ser reconhecidas — e declaradas — como escolas religiosas).

Agora que temos uma ideia de quem é Paulo Freire e das implicações da sua obra, voltemos nossa atenção para os conceitos mais importantes da sua pedagogia. O que é essencial pode ser reunido em cinco conceitos fundamentais de Freire: o que eu chamo de "pedagogia do marxismo", "conscientização", abordagem dos "temas geradores", "codificação e decodificação" e o "método dialógico". As pessoas familiarizadas com a educação do modo como ela é ensinada e praticada na América do Norte acharão de imediato pelo menos os últimos três desses conceitos reconhecíveis, se não rotineiros, embora com aspecto um pouco modernizado. Os dois primeiros são essencialmente uma reutilização do marxismo e do neomarxismo, incluindo o programa maoísta de reforma do pensamento, dentro da arena da educação.

Nos capítulos que se seguirão, peço ao leitor que tenha alguma paciência para suportar um certo incômodo literário, porque sou obrigado a repetir diversas citações de Freire, às vezes mais de uma vez, até o final do livro. Essa decisão foi tomada por um bom motivo: o de extrair diferentes aspectos dos principais parágrafos dos livros de Freire de maneira variada, conforme eles se encaixam nos diferentes contextos dentro dos quais eu separei e organizei seu programa tendo em vista essa apresentação. Minha esperança com isso é acrescentar clareza a esse trabalho, e fazer valer a pena algum eventual aborrecimento, mesmo que pequeno.

A PEDAGOGIA DO MARXISMO

Paulo Freire imbuiu o marxismo na educação propriamente dita. Em outras palavras, ele transformou a pedagogia em teoria marxista e também transformou os próprios conceitos de educação, alfabetização e conhecimento em situações para análise social marxista. Isso não equivale a introduzir marxismo ou tais ideias no currículo, nem é o mesmo que reformular a educação nos moldes de uma doutrina marxista, como muitas pessoas acreditam. Trata-se de uma mudança bem mais profunda na teoria da educação, que redefiniu a maneira como educamos nossos estudantes nos Estados Unidos e agora no mundo inteiro. Como já comentamos, a comparação mais próxima é a reforma do pensamento ao estilo de lavagem cerebral realizada nas prisões e escolas de reeducação maoístas. A usurpação da educação que discutimos torna-se possível exatamente por essa pedagogia do marxismo, que redefine a educação de dentro para fora.

UMA INTRODUÇÃO AO MARXISMO COMO MODO DE PENSAMENTO

Para os que não estão familiarizados, uma visão geral da teoria (leia-se: teologia) marxista será bem-vinda. Nos termos mais simples possíveis, o marxismo pode ser apresentado em duas partes. A primeira parte é uma teoria geral acerca do modo como opera a sociedade de classes, e a segunda é o que se pode fazer a respeito. A primeira é a peculiar concepção dialética do mundo de Marx, a visão do homem absoluto e a sociologia voltada para o conflito; a segunda é a tomada dos meios de produção para transformar a sociedade segundo o seu propósito máximo (marxista).

Em linhas gerais, a tese de Marx a respeito do modo como se organiza e opera a sociedade de classes supõe a existência de um tipo especial de propriedade "burguesa" ao qual algumas pessoas têm acesso garantido, enquanto todas as outras têm esse acesso negado. Esse acesso "estratifica" a sociedade em duas classes: a que tem acesso à propriedade especial e a que não tem. Essas classes estão naturalmente em conflito uma com a outra, porque a classe alta constrói um sistema que aliena o indivíduo comum (que para Marx é o trabalhador) do produto dos seus esforços, e por conseguinte de sua capacidade de ser de modo pleno e verdadeiro. Aqueles que têm poder para fazer isso (hoje em dia esse poder recebe o nome de "privilégio") geram mitologias elaboradas, às quais dão o nome de "ideologia", as quais justificam o seu poder. Segundo Marx, a ideologia "mistifica" a realidade e o marxismo a "desmistifica".

Essa propriedade especial e a estratificação estrutural de classe em torno dela geram várias consequências. Para começar, porque os que têm acesso a essa propriedade esperam mantê-la e fazer com que permaneça exclusiva, a sociedade é dividida em opressores, que têm o privilégio do acesso à propriedade especial, e oprimidos, que são excluídos dela. Os que têm acesso compõem uma camada "superestrutural" da sociedade, o que significa que com esse acesso podem moldar o rumo futuro da História. Os excluídos, aos quais o acesso foi negado, constituem a base do capital humano da sociedade (homem reduzido a animal ou máquina pela divisão do trabalho), que define a sua "infraestrutura" funcional, que a faz operar e produz a maior parte ou todo o valor legítimo que impulsiona a sociedade. Eles estão em relação "dialética" — encaixam-se no componente humano de uma vasta mitologia da realidade denominada "materialismo dialético", que supostamente explica a evolução de tudo no universo, inclusive do homem e da sociedade. A superestrutura repousa sobre a base e tem definido o papel de explorá-la para manter sua condição privilegiada. Portanto essa relação é inerentemente antagônica e dinâmica, e gera uma "estrutura" dominante da sociedade que comanda seus assuntos e define suas relações sociais — como uma espécie de "espírito" materialista (*Geist*) que penetra e molda a realidade e a experiência.

Por sua vez, essas relações (que são socialmente forjadas, é óbvio) delimitam o alcance da compreensão subjetiva que as pessoas dentro dessa sociedade têm. Os que são oprimidos dentro dessa dinâmica são condicionados a aceitar tal opressão porque o alcance da sua imaginação está limitado ao mundo que eles são forçados

A PEDAGOGIA DO MARXISMO

a ocupar. Isso rouba deles o que os torna essencialmente humanos e os obriga a viver em um mundo "alheio", portanto alienante. Como não compreendem esse mundo, eles não são capazes de mudá-lo, sobretudo porque eles não fazem parte da camada superestrutural da sociedade, a partir da qual seus rumos são determinados. Os que integram a classe privilegiada ingênua ou deliberadamente mantêm-se cegos ao sistema do qual se beneficiam, portanto também têm alcance subjetivo limitado; assim sendo, apenas o oprimido tem a possibilidade de curá--los (a opressão confere a *gnose* de verdadeira natureza social do homem). A consciência marxista, derivada do que Marx denominava "socialismo científico" (*Wissenschaftlicher Sozialismus*), não é somente o único antídoto a essa limitação da consciência subjetiva; é também anunciada como o único estudo "científico" verdadeiro do homem, da sociedade e da própria História.

O papel do homem nisso é tornar-se consciente da sua verdadeira natureza, compreender as condições "concretas" da sua vida estruturada e mudar essas condições tomando o rumo socialista. Essa atividade transformadora da sociedade denomina-se "práxis", que deriva da raiz grega para a palavra "prática". *Práxis* significa um ato criativo para o qual os meios e os fins não são distintos, em oposição a *poiesis* (isto é, atividade poética), na qual os meios e os fins são distintos — pense, por exemplo, na diferença entre construir uma casa (poiesis) e construir um lar (práxis), ou instruir (poiesis) e ensinar (práxis). Para Marx, o homem constrói a sociedade por meio da sua práxis baseada na teoria (isto é, ativismo comprometido), e a sociedade, por sua vez, por meio do condicionamento social, molda e delimita o homem num processo conhecido como "a inversão da práxis". Podemos pensar no marxismo como uma filosofia por meio da qual se aprende a ver o mundo como um ciclo social estável e que supostamente se perpetua a si mesmo, para depois desestabilizá-lo e tomar posse dos seus meios de produção a fim de redirecioná-lo à meta desejada, o comunismo, o qual — acreditava Marx — capta a verdadeira natureza do homem como um "ente-espécie" inteiramente social; natureza da qual ele foi alienado pela divisão da sociedade causada pelo estabelecimento de uma forma especial de propriedade e um mito de acesso privilegiado a ela (para ele, a divisão de trabalho e a propriedade privada).

Desse modo, as classes privilegiadas mantêm essa "realidade" estrutural criando uma mitologia social abrangente — a "ideologia" — para justificar o seu acesso. O marxismo se define como o único caminho para o "fim da ideologia"

— não essa ou aquela ideologia, mas a ideologia propriamente dita, toda ideologia. Reforçadas pelo poder de persuasão da ideologia, essas circunstâncias estruturam a sociedade de maneira a se manter, particularmente para que os privilegiados continuem privilegiados e os oprimidos continuem oprimidos — em outras palavras: eles se tornam o princípio organizador fundamental de uma sociedade injusta. A ideologia opera de modo a assegurar que nenhum grupo tenha consciência da verdadeira natureza da sociedade. Contudo o propósito, como observam Marx e Engels no *Manifesto Comunista*, pode ser resumido na simples ideia de "abolição da propriedade privada" desse tipo especial.

Essa estrutura básica do marxismo se repete em cada evolução da teoria marxista.

- Para Marx, a propriedade especial era *capital*. Sua ideologia era o *capitalismo*, uma caricatura das economias de mercado. Seus favorecidos são a *burguesia* e seus desfavorecidos são a *classe trabalhadora*, que se tornou *proletariado* quando despertou para a *consciência de classe*. A estrutura dessa sociedade é imposta pelo *classismo* estrutural que é *materialmente determinístico*. O objetivo do marxismo econômico-material é a *abolição* (ou transcendência) *da propriedade privada*.
- Na teoria crítica de raça, como eu sustento em *Race Marxism* (marxismo racial), a propriedade especial é *branca*. Sua ideologia é a *supremacia branca*. Seus favorecidos são *brancos*. Seus desfavorecidos são *pessoas de cor*. Pessoas nessas duas condições podem se tornar *antirracistas* quando despertam para a *consciência de raça*. A estrutura dessa sociedade é imposta pelo *racismo sistêmico*, que não é só *materialmente*, mas também *estruturalmente determinístico*. Seu objetivo é a *abolição (ou transcendência) da branquitude*.
- Na teoria *queer*, a propriedade especial é a *normalidade*. Sua ideologia é a *cis-heteronormatividade*, que considera normal ser hétero e não trans. Seus favorecidos são *cisheterossexuais e pessoas que se passam por cisheterossexuais*. Seus desfavorecidos são os *anormais*. Esses últimos podem se tornar *aliados* ou *queer* quando despertam para a *consciência queer*. A estrutura dessa sociedade é imposta por *homofobia, transfobia* e outras *intolerâncias da normatividade*, que são *materialmente* e também *estruturalmente*

determinísticas. Seu objetivo é a *abolição (ou transcendência) da normalidade, e com ela a normatividade*, ou seja, todas as normas e expectativas categóricas impostas socialmente.

- Para Freire, a propriedade especial é a *educação formal* ou a *alfabetização*. Sua ideologia é a "sociedade educada", que valoriza ser *educado* e *alfabetizado* de maneira aceitável para o sistema vigente. Seus favorecidos são os que *passam pelo processo formal de educação e alfabetização*, e são considerados *conhecedores*; seus desfavorecidos são os *analfabetos*, que são na verdade conhecedores por mérito próprio, embora o sistema os exclua, exclua suas formas de conhecimento e a sua cultura. Eles são despertados por meio da *alfabetização política*, e a *conscientização* é o processo do seu despertar. Os *criticamente conscientes* ou *conscientizados* são as pessoas que foram despertadas. A estrutura dessa sociedade é imposta por expectativas relacionadas à *alfabetização* e à *educação formal*, as quais são *material* e *estruturalmente determinísticas*, relegando a classe dos desfavorecidos a uma "cultura do silêncio", no dizer de Freire. A meta é a *abolição (ou transcendência) da educação formal e do conhecimento objetivo*, portanto o objetivo imediato é a reapropriação da educação mediante um processo de conscientização e "humanização".

Ser conscientizado (em qualquer conceito marxista) não é simplesmente tornar-se consciente das condições e da sociedade de classes como os marxistas as veem. A coisa vai além. É preciso também entender que, como sujeitos conscientes, até os que fazem parte da classe dos desfavorecidos são criadores da História. Não apenas isso: eles desempenham um papel especial e certo no sentido de garantir que a História se encaminhe de acordo com os seus planos (os planos socialistas). Portanto os oprimidos não são somente os criadores da História, eles são criadores *privilegiados* da História que foram alienados desse fato crucial sobre eles próprios e em consequência disso são injustamente destituídos de poder.

Além disso, Marx supõe que a conscientização *deve* levar à ação, especificamente no que diz respeito aos meios de produção — ou seja, à práxis. Para Marx, o homem é um produto da sociedade na qual ele está inserido, mas ele, por sua vez, cria a sociedade na qual vive, teoricamente por meio da sua práxis consciente. Dessa maneira, pode perambular pela vida inconsciente e continuar repetindo as mesmas crenças ideológicas, que reproduzem a sociedade vigente, ou ele pode despertar e se apossar dos meios de produção da sociedade, portanto, do homem.[9] Em outras palavras, o homem se edifica construindo as condições (materiais, para Marx; de conhecimento, para Freire) de sua sociedade e pode permitir que isso continue ocorrendo sem enxergar, inconsciente (beneficiando os privilegiados) ou conscientemente.

De certa forma, o marxista vê três vias evolutivas possíveis para a sociedade. Em um estado verdadeiramente primitivo ou mesmo ingênuo, ela pode se desenvolver de forma orgânica, seguindo uma espécie de processo de "seleção natural" no qual as pressões da vida social (em entidades políticas e entre entidades políticas como nações) levam a tomadas de decisão que moldam o seu curso. Por outro lado, tendo em vista que não vivemos num estado verdadeiramente primitivo ou ingênuo — a imposição de sociedade de Rousseau baseia-se nesse pensamento — nós nos encontramos na realidade em um tipo de estado de "seleção artificial" da evolução da sociedade, na qual aqueles que garantiram para si mesmos acesso à superestrutura da sociedade direcionam seu curso em seu próprio benefício em variados graus de consciência para esse fato. Em terceiro lugar, a evolução da sociedade pode ser captada pelo consciente e transformada em uma seleção artificial intencional com vistas a um melhor conjunto de condições que aprimore a sociedade, o homem e o mundo em que ele se encontra — isto é, *transformando-o* de maneira consciente para um fim desejado (socialista). Os pensadores de tendência marxista tipicamente descartam a possibilidade da primeira dessas três situações e argumentam que nós, portanto, temos uma escolha, sem a alternativa da neutralidade: ficar do lado deles ou permitir que a opressão (fascismo) continue porque o fato fundamental da formação proposital da sociedade e do homem está ocorrendo de maneira independente.

Evidentemente, direcionar de modo consciente a evolução da sociedade e do homem para um fim desejado é uma forma de eugenia, e os marxistas parecem entender isso da sua costumeira maneira invertida. Pode-se perceber esse fato porque eles consideram tudo o mais uma forma de eugenia por acreditarem que nós vivemos num ambiente social artificialmente selecionado que beneficia poucos em prejuízo de muitos — isso sempre acontece pelas mãos de pessoas "más", a não ser que as pessoas "boas" se apoderem dos meios de produção. (Além do mais, é claro que isso revela a gigantesca teoria da conspiração que é o pensamento marxista.) Por acreditarem que sozinhos traçam o caminho para dar fim a todas essas orientações ideológicas, pensam que seu programa de eugenia não conta, e portanto o único programa genuinamente antieugenia possível, já que nós simplesmente não podemos voltar a um estado de natureza primitivo.

Só para constar, na educação freiriana isso ocorre mediante a substituição das condições pelo conhecimento, transmitido por intermédio da educação. Talvez pudéssemos aprender de maneira orgânica, não fosse pelo fato de existir a sociedade. Portanto aprendemos falsamente e em prol dos interesses daqueles que se instalaram no poder por meio de suas reivindicações de conhecimento. Por outro lado, poderíamos aceitar conhecimentos alternativos e formas de conhecimento escolhidas por sua utilidade política de empurrar a sociedade na direção do seu propósito maior, que é uma utopia (socialista) livre. Qualquer outra escolha produz todo esse mal, tendo em vista que o gênio do conhecimento já saiu da garrafa.

Na teoria marxista , os privilegiados não abrirão mão dos seus privilégios facilmente, por isso essa transição da seleção artificial "opressora" e "domesticadora" para a seleção artificial "libertadora" e "utópica" (marxista) deve acontecer por meio de uma revolução e um Estado imposto, ativo, regido pela classe desfavorecida agora consciente — uma *ditadura do proletariado*.

Na teoria crítica de raça, uma ditadura funcional dos antirracistas, como descrita, por exemplo, por Ibram X. Kendi na *Politico Magazine*, cumpre esse objetivo.[10] Na teoria *queer*, o objetivo é cumprido através da desconstrução implacável de todas as categorias e normas por meio do ativismo *queer*. Na educação freiriana, toda educação se torna educação política, com educadores como facilitadores em prol da consciência (crítica, ou marxista) a fim de que todo o conhecimento se torne conhecimento político entendido em termos marxistas. Com efeito, Freire argumenta em *Ação cultural para a liberdade* que a verdadeira educação é a educação política (especificamente, a verdadeira "alfabetização" é a alfabetização política) "facilitada" por professores conscientizados. Isso é o que os marxistas conseguiram em nossas escolas nos últimos quarenta anos.

ALFABETIZAÇÃO POLÍTICA E O CAMPO DO CONHECIMENTO

Ensinar marxismo ou ideias marxistas, ou mesmo doutrinar estudantes em marxismo, é algo que pode acontecer dentro de outra estrutura pedagógica adequada para o ensino de crianças. Não é isso que Paulo Freire oferece. Para Freire, o próprio conceito de ser "educado" ou "alfabetizado" (usarei esses termos de forma intercambiável), ou de ser um "conhecedor", deve ser entendido de forma marxista, aproximadamente como foi descrito há pouco.

Em suma, Freire constrói uma arquitetura pedagógica na qual pessoas poderosas, privilegiadas, burguesas ou em outras posições de vantagem na sociedade decidem o que significa ser "educado", "alfabetizado" e "conhecedor" de tal modo que a sociedade é estruturada para que eles tenham vantagem, enquanto oprimem a classe desfavorecida de indivíduos "sem educação", "iletrados", que não são *considerados* "conhecedores" fora dessa estrutura. Aqueles que estão fora da estrutura são, em razão do seu analfabetismo (político), mantidos em uma "cultura do silêncio", ou seja, não podem falar (politicamente) e se tentarem não serão ouvidos. Esse Estado os impede de *ser*, segundo Freire, uma alegação radical compreensível somente na linguagem do marxismo. No marxismo, ser um homem significa saber que você tem capacidade para transformar a realidade de acordo com a sua visão subjetiva e seu estado de conscientização.

> Na cultura do silêncio as massas são mudas, ou seja, são proibidas de tomar parte criativamente das transformações da sua sociedade, portanto são proibidas de existir. Mesmo que vez por outra possam ler e escrever porque foram "ensinadas" em campanhas humanitárias — mas não humanistas — de alfabetização, ainda assim elas estão alienadas do poder responsável por seu silêncio (Freire, 1985, p. 50).

Em conformidade com o conceito teológico central do marxismo, Freire dá o nome de educação "humanizadora" ao seu remédio para essa caracterização do que agora é chamado, às vezes, de "o campo do conhecimento". Ele diferencia isso de programas de educação "humanitária", que parecem se importar com os analfabetos e buscam ensiná-los a ler *palavras*, mas não o seu contexto político. Tais programas tencionam ensinar aos desfavorecidos as habilidades educacionais necessárias, mas acabam também condicionando-os a aceitar os termos injustos das suas sociedades. Segundo Freire, essas campanhas de alfabetização humanitária perpetuam a cultura do silêncio porque não ensinam o que tem de ser ensinado para a obtenção da verdadeira alfabetização, que é a alfabetização política.

> Para a concepção crítica, o analfabetismo nem é uma "chaga", nem uma "erva daninha" a ser erradicada, tampouco uma enfermidade, mas uma das expressões concretas de uma realidade social injusta. Não é um problema estritamente linguístico nem exclusivamente pedagógico, metodológico, mas político, como a alfabetização através da qual se pretende superá-lo. Proclamar sua neutralidade, ingênua ou astutamente, não afeta em nada a sua politicidade intrínseca (Freire, 1985, p. 10).

Vemos aqui, segundo Freire, o significado da pedagogia do marxismo e da alfabetização, que deve ser entendida não como um estado de capacidade, mas como uma circunstância política. Freire indica que quis dizer isso de duas maneiras. Primeiro, o analfabetismo (tanto o relacionado às letras quanto o político) é resultado da política, e, segundo, "tendo em vista que tentamos superar o analfabetismo justamente por meio da alfabetização", os próprios termos que dão significado à "alfabetização" são políticos. Em outras palavras, a "alfabetização" — que significa ser capaz de "ler" — é algo definido em termos políticos.

Saber ou não ler parece uma questão bastante simples, se deixarmos de lado aspectos mais sutis relacionados ao "analfabetismo funcional" (poder ler as palavras, mas não extrair o significado delas). Mas não é para Freire. Para Freire, existe a capacidade de ler um texto e a capacidade de ler uma sociedade e suas condições. Ser capaz de ler palavras em uma página, mas não conseguir perceber o significado delas, e a capacidade ou incapacidade de lê-las, mantém um estado de opressão na sociedade e é outra forma de analfabetismo (hoje em dia, isso às vezes é chamado de "injustiça hermenêutica"). Poder ler a sociedade desse modo, mas não conseguir ler palavras adequadamente a fim de convencer os que detêm o poder de que você sabe o que está vivenciando ("injustiça testemunhal") é outro significado de ser injustamente julgado incapaz de "ler" ou, pelo menos, incapaz de "dizer" o que foi lido.

A PEDAGOGIA DO MARXISMO

Para Freire, como podemos ver, a habilidade apenas de "ler" mancha o significado de ser um "conhecedor", alguém que sabe — ou o que é necessário para ser *considerado* um conhecedor —, o que mais uma vez é entendido como uma circunstância política. Ele insiste que o sistema existente (de sociedade, educação, alfabetização etc.) considera conhecedores os alfabetizados, mesmo que o conhecimento desses últimos possa ser bastante vazio e proveitoso apenas para a promoção e a manutenção das condições opressivas existentes. Por outro lado, "analfabetos" são vistos como "absolutamente ignorantes", como pessoas que não sabem, mas Freire argumenta que isso não leva em conta o fato de que eles sabem o contexto das suas próprias vidas. Eles sabem as coisas, sabem que sabem as coisas, e podem ser ensinados a "lê-las". Ocorre que lhes é negado o contexto apropriado (ou seja, marxista) para que compreendam as experiências de suas vidas, incluindo por que eles são considerados "analfabetos", pessoas que não sabem e, portanto, são alienadas do processo de transformação da História e da sociedade.

> Os analfabetos sabem que são seres concretos. Sabem que fazem coisas. Mas o que às vezes não sabem, na cultura do silêncio, em que se tornam ambíguos e duais, é que sua ação transformadora, como tal, os caracteriza como seres criadores e recriadores. Submetidos aos mitos da cultura dominante, entre eles o de sua "natural inferioridade", não percebem, quase sempre, a significação real de sua ação transformadora sobre o mundo. Dificultados em reconhecer a razão de ser dos fatos que os envolvem, é natural que muitos, entre eles, não estabeleçam a relação entre não "ter voz", não "dizer a palavra", e o sistema de exploração em que vivem (Freire, 1985, p. 50).

Vemos aqui, é claro, Freire repetindo a principal alegação de Marx: os que são oprimidos pelo sistema vigente têm a sua própria humanidade, como extensão do seu trabalho, roubada. Para Freire, essa "realidade social injusta" é política de incontáveis formas ao mesmo tempo, mas principalmente no sentido sempre pretendido pelos marxistas quando discutem "economia política". A verdadeira natureza do homem é ser um criador da História, Marx diz ser um processo do qual a classe desfavorecida é excluída pela opressão estrutural e pela alienação da sua verdadeira natureza como tal. Freire vê esse processo criativo como posterior ao fato de se considerar alguém *conhecedor*, e é apenas um conceito burguês e questão de definições politizadas de "conhecimento", "saber", "conhecedor", "alfabetização", "leitura", "educação", e assim por diante, que impedem o "analfabeto" de compreender a sua verdadeira natureza. Agora revisitaremos algumas das palavras de Freire com um contexto mais amplo acrescentado.

> Aprender a ler e escrever se faz assim uma oportunidade para que mulheres e homens percebam o que realmente significa *dizer a palavra*: um comportamento humano que envolve ação e reflexão. Dizer a palavra, em um sentido verdadeiro, é o direito de expressar-se e expressar o mundo, de criar e recriar, de decidir, de optar, de participar, enfim, do processo histórico da sociedade. Como tal, não é o privilégio de uns poucos com que silenciam as maiorias. Na cultura do silêncio, as massas são mudas, ou seja, são proibidas de tomar parte criativamente das transformações da sua sociedade, portanto são proibidas de existir. Mesmo que vez por outra possam ler e escrever porque foram "ensinadas" em campanhas humanitárias — mas não humanistas — de alfabetização, ainda assim elas estão alienadas do poder responsável por seu silêncio (Freire, 1985, p. 50).

Repare que Freire volta a repetir que aprender a ler e escrever no sentido *convencional* não é o que lhe interessa, nem é do que ele está falando. As pessoas até podem "ocasionalmente ler ou escrever porque isso "lhes foi ensinado" em campanhas de alfabetização equivocadas, que não se concentram na "alfabetização política" e as condicionam a aceitar condições supostamente desumanizadoras. Esse aprendizado não conta, na realidade, porque não ensina os indivíduos a serem os verdadeiros criadores da História que eles sabem que são. Aqui vemos Freire construir uma teoria marxista do conhecimento, da alfabetização e da educação. Literalmente.

> Na visão "bancária" da educação, o saber é uma doação dos que se julgam sábios aos que julgam nada saber. Doação que se funda numa das manifestações instrumentais da ideologia da opressão — a absolutização da ignorância, que constitui o que chamamos de alienação da ignorância, segundo a qual esta se encontra sempre no outro. O educador, que aliena a ignorância, se mantém em posições fixas, invariáveis. Será sempre o que sabe, enquanto os educandos serão

sempre os que não sabem. A rigidez dessas posições nega a educação e o conhecimento como processos de busca. O educador se põe frente aos educandos como sua antinomia necessária. Reconhece, na absolutização da ignorância daqueles, a razão de sua existência. Os educandos, alienados, por sua vez, à maneira do escravo na dialética hegeliana, reconhecem em sua ignorância a razão da existência do educador, mas não chegam, nem sequer ao modo do escravo naquela dialética, a descobrir-se educadores do educador (Freire, 1968, p. 72).

"O saber é uma doação dos que se julgam sábios aos que julgam nada saber"; é uma teoria marxista do conhecimento.

Na literatura epistemológica contemporânea da "justiça social" (quase inteiramente enquadrada em termos de teoria da educação), toda essa linha de pensamento é frequentemente caracterizada como o "campo do conhecimento", que é apresentado como "desigual" e "silenciador" para aqueles que não são privilegiados como conhecedores (digamos, por Kristie Dotson). O argumento essencial é que a ordem social vigente é de várias maneiras tendenciosa e injusta porque favorece certos "conhecimentos" e "modos de saber" em prejuízo de outros, o que é considerado completamente político. Tomar contato com essa literatura pode ser extremamente desorientador, sobretudo para quem não está familiarizado com a pedagogia do marxismo freiriana do conhecimento (e da educação).

A PEDAGOGIA DO MARXISMO

Ser educado — "educado formalmente", como costumamos ouvir de ativistas hoje em dia — enquadra-se no pensamento freiriano como uma forma de propriedade privada burguesa acessível apenas a determinadas elites que criaram esse *status* e a ele concederam acesso a si mesmos e àqueles que escolheram. De outro modo, é exclusivo de outros e de "outras formas de saber". Para Freire, o que a sociedade considera educação nos dias atuais é, portanto, um processo de treinamento social e político para manter a classe de elite existente, seja preparando a sua próxima geração de opressores, seja condicionando a sua próxima geração de oprimidos a aceitarem os termos da sociedade existente. Isso ergue uma barreira social opressiva entre o educado e o não educado que a casta superior estabelece a fim de se beneficiar e impõe à inferior, colocando-os em profundo conflito de classes através da linha educado/analfabeto. Para Freire, então, a meta de uma educação genuína é o despertar da consciência crítica dessa conjuntura na classe desfavorecida, junto com sua própria consciência revolucionária, de modo que no final derrotem o sistema injusto. Tudo o mais é falsa educação, que tem de ser substituída por seus próprios métodos (marxistas).

Façamos uma breve avaliação dos resultados práticos disso. *Todas* as pedagogias eficazes — que Freire em nenhum momento cita — são caracterizadas como a parte que torna possível o problema que assola a sociedade inteira, que é a opressão. Elas são instrumento do que os marxistas chamariam de "ideologia", termo empregado por Marx para a rede de mitos sociais e justificativas que a burguesia oferece a si mesma e ao restante da sociedade para o fato de ocuparem posições privilegiadas. Para Freire, a "educação formal" existe para conferir a algumas pessoas, mas não a todas, meios para que alcancem o sucesso no sistema predominante, enquanto frustra e silencia todas as demais; de modo semelhante, para Marx o capital existe para manter uma pequena elite próspera numa economia de mercado. Isso existe para dar a tais elites uma justificativa para o seu sucesso enquanto gravam na sociedade os próprios termos que tornam o seu êxito falso e opressivo. Em outras palavras, Freire insiste com vigor que toda educação exceto a sua própria abordagem é um jogo manipulado destinado a manter as pessoas marginalizadas "analfabetas" onde elas têm de estar, ou seja, em termos da sua "alfabetização política" e "conscientização" marxista.

Para ser bem claro, Freire acreditava que ensinar uma pessoa a ler para que ela possa conseguir um bom emprego apenas habilita essa pessoa a participar do sistema vigente, o que é ruim. Além de ser uma ideia burguesa que ignora a questão do oprimido, isso também valida e reproduz o próprio sistema vigente, que por sua vez mantém ou até mesmo concentra a opressão do analfabeto devido à organização estrutural da sociedade. A educação é vendida à classe baixa como um meio de possível associação com a classe alta; mas a maioria acaba frustrada, enquanto alguns traem a classe da qual vieram, abandonando-a e ajudando a manter e a justificar o próprio sistema que causa a opressão. Portanto ensinar as pessoas a ler (ou a fazer cálculos matemáticos etc.) é de baixa prioridade, porque é conhecimento burguês não orientado para a mudança política; e disciplinas como leitura, matemática e outras mais podem ser transformadas em veículos melhores para um tipo diferente de educação com diferentes prioridades e metas. Especificamente, aprender habilidades de valor para o sistema social, político e econômico é de prioridade mínima, caso não seja intencionalmente evitado ou interrompido. Em lugar disso, defende-se como principal prioridade o uso de disciplinas existentes para gerar alfabetização política marxista e consciência crítica. Essa é uma teoria marxista de educação, e é isso o que a pedagogia freiriana é de fato.

Freire e Marx são mais do que claros quanto ao objetivo de seu programa filosófico (leia-se: teológico): a humanização do homem, da sociedade e do mundo (tornando-o socialista). Para Marx, a ideia é que o homem tem de ser levado a se recordar de seu verdadeiro eu, do qual ele foi separado em virtude da divisão do trabalho. Esse verdadeiro eu é um homem verdadeiramente social, ou socialista, que transcende totalmente a própria ideia de propriedade privada e de propriedade privada da terra, portanto anula a divisão do trabalho (queda do homem). Por meio do seu trabalho autêntico — munido de foice e martelo — ele transforma o mundo em um jardim, transforma a si mesmo num socialista e transforma a sociedade numa genuína sociedade social, que não tem classes nem estado; assim ele ganha liberdade para construir suas casas ajardinadas livre de qualquer desejo, necessidade ou exigência da natureza ou de outros sobre ele. (Marx até chega a afirmar que trabalhar para satisfazer um estômago vazio é um trabalho obrigatório, por isso não é um trabalho livre e verdadeiro adequado aos homens!) Ele tem de *humanizar-se* e humanizar seu mundo trabalhando para lembrar-se de sua verdadeira natureza *humana* (como um "ente-espécie", isto é, um indivíduo que sempre trabalha em prol das espécies e dos que fazem parte dela, conscientemente). Freire empresta esse misticismo sobre o que significa ser humano e o instala diretamente no âmbito educacional, colocando-o não no trabalho real com foice e martelo, mas sim na educação e no conhecimento.

EDUCAÇÃO HUMANIZADORA

Como já discutimos no final do último capítulo, Freire argumenta exaustivamente (particularmente no capítulo 6 de *Ação cultural para a liberdade*) que toda

A PEDAGOGIA DO MARXISMO

educação é educação inerentemente política, porque toda educação pressupõe uma teoria do homem e em consequência disso uma compreensão politicamente relevante do seu relacionamento com a sociedade. A educação, portanto, politiza as pessoas segundo os padrões da sociedade vigente ou segundo a libertação (marxista) desses padrões. Para Freire, então, não há neutralidade na educação. Ela é sempre política, quer quando trabalha para reproduzir a sociedade supostamente desumana, quer quando ensina aprendizes a denunciá-la e a substituí-la.

Freire insiste em afirmar que a verdadeira educação tem pouco a ver com aprender a ler "símbolos desconectados" ou "memorizar" frases simples e irrelevantes, tais como "Ivo viu a uva", e que deveria em vez disso educar "aprendizes" (não mais "estudantes") no contexto de suas vidas e nas ramificações políticas desse contexto. Essas ramificações devem ser interpretadas pelo "educador" (não mais "professor") através da lente marxista do antagonismo de classes com o objetivo de despertar a consciência de classe. Diga-se de passagem que o capítulo 8 de *Ação cultural para a liberdade*, com o título "O processo de alfabetização política", descreve exatamente isso. Esse processo é levado a cabo por meio de três pontos metodológicos mencionados anteriormente, mais diretamente o emprego de palavras e conceitos "geradores" para despertar a alfabetização política.

Marx definiu como fundamentalmente humanizador esse programa de despertar e então agir de acordo com sua teoria. Para Marx, o que torna um homem o que de fato ele é, é que ele é um sujeito consciente que pode vislumbrar aquilo que quer criar, realizar a criação no mundo objetivo e então ver a si mesmo como o seu criador na coisa que produziu. Em outras palavras, ele torna o mundo (e a si mesmo) mais humano — mais propício para a humanidade e também mais um reflexo da mente humana. Animais, embora ativos e sempre em mudança de ambiente, não podem fazer isso. Isso é o que torna o homem unicamente humano. Ele pode *transformar o ambiente* a fim de torná-lo mais adequado ao próprio homem e até igual a ele, ao passo que os animais precisam se ajustar ao mundo. De fato, ele pode fazer isso *para si mesmo* também e então se lembrar do que significa ser verdadeiramente humano, que é ser um comunista perfeitamente "social" que transcendeu a própria ideia de propriedade privada e de divisão do trabalho.

Em consequência disso, o processo de mudar o mundo objetivo segundo a visão subjetiva de homem é *humanizar* esse objeto — torná-lo mais humano por meio da dialética sujeito-objeto no cerne da teologia marxista. Para Marx, o homem não humaniza o mundo apenas, mas através do seu trabalho produtivo (foice e martelo) ele também humaniza a si mesmo dando-se conta de que é um sujeito criativo. Ele também trabalha em sua sociedade quando socialmente consciente ("homem socialista"), humanizando assim a sociedade e, por sua vez, o homem que vive nessa sociedade e é produzido deterministicamente por suas relações sociais (a inversão da práxis).

Não é coincidência que Freire defina como "educação humanística" a sua abordagem pedagógica crítica, que é o título do nono capítulo de *Ação cultural para a liberdade*. Freire insiste que essa abordagem da educação humaniza, ou "hominiza" o homem (*hominização*) — literalmente faz dele humano, como se pela primeira vez ele emergisse do mundo animal. Humanizar o homem permite-lhe estar em sua verdadeira natureza como um conhecedor que pode "dizer a palavra para transformar o mundo" em uma forma ainda mais hominizada. Animais não podem fazer isso; isso é o que torna o homem unicamente humano.

> Para os seres humanos, o aqui e o ali envolvem sempre um agora, um antes e um depois. Dessa forma, as relações entre os seres humanos e o mundo são, em si históricas, como históricos são os seres humanos, que não apenas fazem a história em que se fazem, mas consequentemente contam a história desse mútuo fazer. A "hominização" no processo da evolução anuncia o ser autobiográfico. Os outros animais, pelo contrário, se acham imersos num tempo que não lhes pertence (Freire, 1985, p. 71).[11]

O trabalho que humaniza o homem e o mundo, para Freire, origina-se da aplicação correta do conhecimento (na práxis), que vem da educação política correta pela qual o homem pode aprender a se ver como conhecedor e transformador da História, e pode, assim, realizar uma ação revolucionária para tornar isso real no mundo (e ver a si mesmo como a pessoa que o fez). Assumindo o controle da produção de conhecimento (e educação e alfabetização) a fim de assegurar sua relevância e contexto políticos sob pressuposições marxistas, a pedagogia de Freire objetiva tomar o controle do desenvolvimento do homem e da sociedade para fins "humanizadores". Isso não passa de reprodução do marxismo. Como Freire explica:

Para os seres humanos, como seres da práxis, transformar o mundo, processo em que se transformam também, significa impregná-lo da sua presença criadora, deixando nele as marcas do seu trabalho. O processo de transformação do mundo, que revela essa presença do homem, pode levar à sua humanização e também à sua desumanização, ao seu crescimento ou à sua diminuição. Essas alternativas revelam ao homem a sua natureza problemática e lhe propõem um problema, exigindo que ele escolha um caminho ou o outro. Muitas vezes esse próprio processo de transformação captura o homem e a sua liberdade de escolha. No entanto, porque eles impregnam o mundo com a sua presença reflexiva, somente os homens podem humanizar ou desumanizar. A humanização é a sua utopia, a qual eles anunciam denunciando processos desumanizantes (Freire, 1985, p. 70).

Freire insiste e se prolonga nesse tema — não é uma simples apresentação secundária em seu programa. Ele sempre reproduz a *teologia* marxista no cerne da sua concepção de mundo e projeto.

A primeira, como expressão concreta de alienação e dominação; a segunda, como projeto utópico das classes dominadas e oprimidas. Ambas implicando, obviamente, na ação dos homens sobre a realidade social — a primeira, no sentido da preservação do *status quo*; a segunda, no da radical transformação do mundo opressor. Parece-nos importante enfatizar esta obviedade — a da relação entre desumanização e humanização, bem como o fato de que ambas demandam a ação dos homens sobre a realidade, ora para mantê-la, ora para modificá-la, para que evitemos as ilusões idealistas, entre elas a que sonha com a humanização dos homens sem a transformação necessária do mundo em que eles se encontram oprimidos e proibidos de ser. Uma tal ilusão, que satisfaz os interesses de todos quantos têm condições favoráveis de vida, revela facilmente a ideologia que se concretiza em formas assistencialistas de ação em que os proibidos de ser são convidados a esperar com paciência por dias melhores que, mesmo tardando, não faltarão (Freire, 1985, p. 114).

Nessa questão, sem dúvida Freire reproduz em outra linguagem a célebre declaração de Marx de que a religião é o "ópio do povo": não um ímpeto de

A PEDAGOGIA DO MARXISMO

mudança, mas sim um tipo de anestésico que torna suportável o sofrimento das pessoas. Veja como Marx articulou isso em sua contribuição à *Crítica da filosofia do direito de Hegel*:

> A angústia religiosa é ao mesmo tempo a expressão da angústia real e protesto contra essa angústia. A religião é o alento da criatura oprimida, o coração de um mundo sem coração, o sentimento numa condição na qual não há sentimento. É o ópio do povo.
>
> É necessário abolir a religião como felicidade ilusória do povo para que o povo alcance a verdadeira felicidade. Encorajar as pessoas a desistir de suas ilusões a respeito da sua condição é encorajá-las a desistir de uma condição que carece de ilusões (Marx, ano, p. 1).

Quando invoca essa concepção de mundo, Freire tem um objetivo claro: defender a ideia de que a sua interpretação do propósito da educação é a única que é válida.

> Na verdade, não há humanização sem libertação, assim como não há libertação sem a transformação revolucionária da sociedade de classes, em que a humanização é inviável. Em tal sociedade, a libertação é o "inédito viável" das classes dominadas. Sua concretização, porém, só se dá na ultrapassagem daquela sociedade e não na simples modernização de suas estruturas (Freire, 1985, p. 136).

Para Freire, o processo é igualmente claro: o homem deve tomar providências (marxistas) para se libertar da sua condição de oprimido, assim como as crianças deitadas nos degraus do palácio do governo em Providence, Rhode Island — crianças que em sua maioria mal sabem ler, escrever ou fazer cálculos matemáticos.

> À luz de tal conceito — infelizmente bastante difundido — os programas de alfabetização jamais serão um esforço no sentido de buscar a liberdade; eles nunca questionarão a própria realidade que priva os homens do direito de falar — não somente os analfabetos, mas todos os que são tratados como objetos numa relação de dependência. Esses homens, analfabetos ou não, não são

marginais. Cabe repetir o que dissemos anteriormente: eles não são "seres fora de algo"; são "seres para outro". Portanto a solução para o problema deles não é tornarem-se "seres dentro de algo", mas, sim, homens em processo de libertação; porque na verdade eles não são marginais para a estrutura, mas homens oprimidos dentro dela. Homens alienados, eles não podem suplantar a sua dependência "incorporando-se" à própria estrutura responsável por sua dependência. Não existe outra via para a humanização — nem para eles nem para ninguém mais — a não ser a transformação autêntica da estrutura desumanizadora (Freire, 1985, p. 48-49).

Isso é o que os estudantes academicamente tapeados de Providence entendem de maneira implícita, mesmo que nunca tenham ouvido falar diretamente de nenhuma dessas pessoas ou ideias: o mundo (como ele é) é desumanizante, e nada nesse mundo tem muito significado exceto denunciar e transformar a estrutura que eles aprenderam a ver como desumanizante. Aqui e nos parágrafos seguintes, Freire explica que a alfabetização regular não tem serventia para isso. Também não servem matemática, História ou qualquer outra disciplina ensinada, a não ser como "mediadoras" do conhecimento político. A verdadeira educação recolocaria as pessoas na sociedade a fim de que elas se tornem "seres para o outro". A única saída é o marxismo, supostamente a única solução "científica" para esse problema.

Por isso, denúncia e anúncio, nesta pedagogia, não são palavras vazias, mas compromisso histórico. Por outro lado, a denúncia da sociedade de classes como uma sociedade de exploração de uma classe por outra exige um conhecimento científico cada vez mais amplo de tal sociedade e, de outro, o anúncio da nova sociedade demanda uma teoria da ação transformadora da sociedade denunciada. A denúncia e o anúncio tomam corpo quando as classes dominadas os assumem, assim como a teoria da ação transformadora — a teoria revolucionária — se efetiva quando é igualmente assumida por aquelas classes. O caráter utópico desta pedagogia é tão permanente quanto a educação em si. Seu mover-se entre a denúncia e anúncio não se esgota quando a realidade denunciada hoje cede seu lugar à nova, mais ou menos anunciada naquela denúncia (Freire, 1985, p. 57).

Esse é o sistema educacional que foi trazido para os nossos filhos, porque os nossos filhos, como as crianças de Providence, agora frequentam as escolas freirianas. Trata-se de um programa educacional imbuído de marxismo (reforma do pensamento) que ensina aos nossos filhos que eles estão aprisionados num sistema desumanizador e que a consciência e o ativismo marxistas são sua única esperança de escaparem disso — e de libertarem todos os outros no processo. Leitura, escrita, matemática, ciências, História — tudo enfim é posto de lado na busca por "humanização".

EDUCAÇÃO FORMAL COMO DOMESTICAÇÃO

Freire considera singularmente humanizadores os seus métodos para despertar a consciência política. As outras formas de educação são "desumanizadoras" ou reproduzem estruturas "desumanizadoras". Os "aprendizes" não estão mais aprendendo a reproduzir (como estudantes) as ideias e os conhecimentos da sociedade corrupta que os marginalizou. Eles são sujeitos ativos e criativos em seu próprio processo educacional.

> Nesta perspectiva, portanto, os alfabetizandos assumem, desde o começo mesmo da ação, o papel de sujeitos criadores. Aprender a ler e escrever já não é, pois, memorizar sílabas, palavras ou frases, mas refletir criticamente sobre o próprio processo de ler e escrever e sobre o profundo significado da linguagem (Freire, 1985, 49-50).

Os aprendizes de um programa de educação política freiriana passam a se considerar sujeitos criativos envolvidos em seu próprio processo de aprendizado (produção e criação), ao passo que os que são ensinados como alunos são objetificados e alienados, como diria Marx, pois aprendem o conhecimento de outra pessoa. (Marx disse que a alienação ocorre quando os trabalhadores são contratados ou pagos para realizar um trabalho compatível com a visão subjetiva na cabeça de outra pessoa, não na deles.) Contudo, lembre-se de que todo o conceito marxista de homem e de mundo depende de separar o que é *humano* do que é *animal* (e, para completar, do que é máquina). Desse modo, a dicotomia que Freire propõe entre uma educação "humanizadora" ou "libertadora" (a sua própria) e qualquer outra equivale a escolher entre uma educação "domesticadora" e uma "humanizadora". A educação pode tornar alguém um ser humano totalmente consciente (isto é, uma entidade dialética) ou torná-lo não dialético, semelhante portanto a um animal (domesticado).

Assim, por meio de uma educação inadequada, os estudantes passam a se considerar membros funcionais ou fracassados de uma sociedade que na verdade os está domesticando sem que percebam de acordo com a vontade das elites. Por outro lado, com o emprego de um programa de educação política adequado (freiriano), eles começam a se ver como aprendizes que se encontram no mundo e com o mundo, em posição de transformá-lo a partir dessa condição em um reino terreno (aqui os leitores cristãos novamente sentirão calafrios, pois Cristo ordena que se esteja no mundo, não que se pertença ao mundo).

> O ponto de partida para uma análise, tanto quanto possível sistemática, da conscientização, deve ser uma compreensão crítica dos seres humanos como existentes *no mundo* e *com o mundo*. Na medida em que a condição básica para a conscientização é que seu agente seja um sujeito, isto é, um ser consciente, ela, como a educação, é um processo específico e exclusivamente humano. É como seres conscientes que mulheres e homens estão não apenas no mundo, mas com o mundo. Somente homens e mulheres, como seres "abertos", são capazes de realizar a complexa operação de, simultaneamente, transformar o mundo através de sua ação, captar a realidade e expressá-la por meio de sua linguagem criadora (Freire, 1985, p. 68).

Fora do programa de Freire, a educação "domestica" aprendizes para que sejam complacentes e não revolucionários, prendendo-os numa "cultura do silêncio". Essa educação os torna estáveis e lhes dá a oportunidade de usar o que apreendem para capitalizar no sistema vigente; dessa maneira eles alimentam o sistema, que, por sua vez, proporciona-lhes uma vida boa e estável que os leva não apenas a rejeitar o radicalismo revolucionário, mas também a resistir ativamente a isso como faz um contrarrevolucionário, pelo menos no entender do mais influente marxista crítico, Herbert Marcuse, nesta questão:

Em razão da sua posição básica no processo de produção, em razão do seu peso numérico e do peso da exploração, a classe trabalhadora ainda é o agente histórico da revolução; em razão do seu compartilhamento das necessidades de estabilização do sistema, ela se tornou uma força conservadora, até mesmo contrarrevolucionária. Objetivamente, "em si mesma", a classe trabalhadora ainda é a classe potencialmente revolucionária; subjetivamente, "para si mesma", ela não é (Marcuse, 1969, p. 16).

Na realidade, a educação real é uma conjuntura pior para Freire, porque a educação permite que as pessoas oprimidas mudem de lado e se tornem opressoras em vez de se tornarem revolucionárias quando não conseguem se desvencilhar da lógica subjacente de uma sociedade baseada em classes. (A propósito, essa é uma teoria marxista crítica da educação — o equivalente marcusiano seria o desejo de ascender na carreira e tornar-se gerente ou promotor cultural.) Tornar-se educado, portanto, leva-os a reproduzir essa sociedade e a opressão que a define, a qual, acompanhando Marx, Freire caracteriza como inerentemente *desumanizadora*.

Há algo, porém, a considerar nesta descoberta, que está diretamente ligado à pedagogia libertadora. É que, quase sempre, num primeiro momento deste descobrimento, os oprimidos, em lugar de buscar a libertação, na luta e por ela, tendem a ser opressores também, ou subopressores. A estrutura de seu pensar se encontra condicionada pela contradição vivida na situação concreta, existencial, em que se "formam". O seu ideal é, realmente, ser homens, mas, para eles, ser homens, na contradição em que sempre estiveram e cuja superação não lhes está clara, é ser opressores. Estes são o seu testemunho de humanidade. Isto decorre, como analisaremos mais adiante, com mais vagar, do fato de que, em certo momento de sua experiência existencial, os oprimidos assumam uma postura que chamamos de "aderência" ao opressor. "Reconhecer-se" a este nível, contrários ao outro, não significa ainda lutar pela superação da contradição. Daí essa quase aberração: um dos polos da contradição pretendendo não a libertação, mas a identificação com o seu contrário. O "homem novo", em tal caso, para os oprimidos, não é o homem a nascer da superação da contradição, com a transformação da velha situação concreta opressora, que cede seu lugar a uma nova, de libertação. Para eles, o novo homem são eles mesmos, tornan-do-se opressores de outros. A sua visão do homem novo é uma visão individua-lista. A sua aderência ao opressor não lhes possibilita a consciência de si como pessoa, nem a consciência de classe oprimida. Desta forma, por exemplo, que-rem a reforma agrária, não para libertar-se, mas para passar a ter terra e, com esta, tornar-se proprietários ou, mais precisamente, patrões de novos empre-gados (Freire, 1968, p. 45-46).

Por outro lado, a educação falha para o camponês porque não é relevante para ele, ou porque convence-o de que a lógica de funcionamento do mundo é "exatamente como é". Essa falha entorpece o aprendiz a fim de que ele aceite o seu destino, induzindo-o a uma aceitação fatalista da sua própria "cultura do si-lêncio", na qual ele não conta com a linguagem nem com outros "recursos epis-têmicos" (na literatura posterior da pedagogia crítica) para falar ou para ser ouvido. Ele pode ser alfabetizado, mas na verdade não pode ler nem escrever, como Freire diria, porque não foi conscientizado nem alfabetizado politicamen-te. Em lugar disso, ele foi domesticado pela ordem social vigente, muitas vezes por meio de uma educação que falha no tocante a ser "humanizadora".

Diga-se de passagem que essas ideias não foram deixadas de lado na litera-tura acadêmica de filosofia da educação. Os conceitos contemporâneos de "in-justiça epistêmica", "opressão epistêmica" e "violência epistêmica" divulgados por estudiosos da justiça social como Miranda Fricker, Kristie Dotson e seus se-guidores repetem esses conceitos de Freire. O pensamento marxista predomi-nante *woke* na educação é que, sem uma educação política radical desenvolvida em seus termos certos, "aprendizes" e "conhecedores" são marginalizados e do-mesticados pelos sistemas de educação e conhecimento vigentes, enquanto ou-tros são privilegiados.

Com efeito, as ideias de Fricker a respeito de "injustiça testemunhal" (quan-do se questiona o testemunho de um "falante" marginalizado) e "injustiça her-menêutica" ("falantes" marginalizados são desprovidos dos recursos epistêmicos admitidos para comunicar as suas ideias em termos aceitáveis aos "conhecedo-res" dominantes e, por essa razão, são ignorados) são incrivelmente similares às ideias de Freire. Dotson ampliou as considerações de Fricker até chegar a uma teoria tridimensional completa da "opressão epistêmica" (acrescentando uma forma "irredutível" que é o produto do que é considerado "saber" dentro de um dado sistema) inteiramente focada em como isso silencia os que são oprimidos por ela. Isso pode ser visto como uma reescrita do "problema da reprodução" que a pedagogia crítica surgiu em cena para resolver. Para Freire, uma educação humanizadora voltada para a conscientização é o único modo de quebrar essa "cultura do silêncio". Para esses teóricos posteriores, isso se enquadra tipicamente no projeto de "nivelar o campo de conhecimento desnivelado".[12]

Em última análise, então, "nivelar o campo de conhecimento" é o objetivo de uma pedagogia marxista freiriana, e devemos entender que esse "nivelamento" significa "preparação para a vantagem marxista". A pedagogia do marxismo, no final das contas, é pouco mais do que um reembalamento das crenças marxistas fundamentais na área da educação, quer seja intencional quer não. No lugar do capital, há alfabetização, ser educado e ser considerado um conhecedor. A classe privilegiada na sociedade estabelece esses *status* para favorecer alguns e marginalizar outros. Ela faz isso para continuar tirando proveito de benefícios e se convencendo de que merece essa vantagem. Aqueles que estão fora dessa situação, bem como alguns que estão nela, precisam ser despertados para essa organização injusta da sociedade e agir para reorganizá-la por "justiça". Essa "justiça" será obtida por aqueles que se conscientizarem da "verdadeira natureza da realidade", denunciando a sociedade vigente para que uma nova sociedade possa surgir. Para fazer isso é necessário tomar posse dos meios de produção do conhecimento e da educação, a fim de produzir conhecimento político nos moldes do marxismo para que os alunos sejam conscientizados. Essa é a pedagogia do marxismo de Paulo Freire, e seu objetivo é criar não uma população educada, mas, sim, as condições prévias para o que os marxistas chamam de "libertação".

PREPARANDO A REVOLUÇÃO CULTURAL

Depois de estabelecer *o que* é a educação freiriana, nós passaremos a investigar *por que* ela é empregada e depois veremos *como* ela funciona (na parte em que funciona, isto é, a conscientização). Começaremos esclarecendo que Freire considera a educação um fenômeno inerentemente político do qual é necessário escolher um lado. Essa conjuntura não diz respeito a valores, como já vimos anteriormente, mas a todo o conceito de homem e de mundo que permeia a educação orientada por valores. Para Freire, o único lado legítimo é: o esquerdismo dialético, que ele iguala à busca por libertação por meio de seus próprios métodos marxistas. A educação, portanto, tem apenas um objetivo: estabelecer as condições prévias para uma tentativa de libertação por meio da revolução cultural marxista crítica.

A educação, tal como costumamos considerá-la, para Freire não passa de um processo de domesticação social que deve ser rejeitado e substituído por seu próprio programa de revolução cultural para a libertação. Na educação como ela é, tudo o que se aprende é como reproduzir o mundo ou aceitá-lo nas condições determinadas por outros. Na abordagem de Freire, contudo, aprende-se a dizer a palavra (a proclamar o mundo) quando se consegue rejeitar a lógica intrinsecamente opressiva da sociedade vigente. A educação reforça a opressão e a "cultura do silêncio" imposta aos indesejáveis da sociedade. A pedagogia de Freire quebra essa "cultura do silêncio" e permite que conhecedores "concretos" marginalizados se expressem politicamente de maneira transformadora (marxista). Freire indica que isso é necessário em lugar de outras abordagens educacionais especificamente para que se cumpra exatamente o que Marx estabeleceu: tornar-se um sujeito histórico (no sentido de criador da História). Para dar mais clareza e ênfase, vejamos mais uma vez algumas passagens cruciais:

Na cultura do silêncio, as massas são mudas, isto é, são proibidas de participar criativamente do processo de transformação de sua sociedade e, portanto, proibidas de ser. Ainda que possam, vez por outra, ler e escrever por terem sido "ensinadas" em campanhas de alfabetização humanitárias — mas não humanistas — elas acabam mesmo assim alienadas do poder responsável por seu silêncio (Freire, 1985, p. 50).

O objetivo de tal sujeito é se reintegrar ao verdadeiro ser, dando-se conta de que é transformador (isto é, criador) da História. O papel de tal sujeito é conquistar o controle dos meios de produção — material, cultural ou seja o que for que "o homem esteja fazendo" no contexto em questão — e dar forma à evolução da Nova Sociedade sempre emergente:

> Aprender a ler e escrever se faz assim uma oportunidade para que mulheres e homens percebam o que realmente significa dizer a palavra: um comportamento humano que envolve ação e reflexão. Dizer a palavra, em um sentido verdadeiro, é o direito de expressar-se e expressar o mundo, de criar e recriar, de decidir, de optar. Como tal, não é o privilégio de uns poucos com que silenciam as maiorias. É exatamente por isto que, numa sociedade de classes, seja fundamental à classe dominante estimular o que vimos chamando de cultura do silêncio, em que as classes dominadas se acham semimudas ou mudas, proibidas de expressar-se autenticamente, proibidas de ser (Freire, 1985, p. 50).

Para os iniciados, não há nem mesmo uma tentativa de camuflar o marxismo na exposição de Freire acerca do que significa humanização ou de como ela é alcançada mediante essa conscientização, o que investigaremos com mais profundidade no próximo capítulo. Nem se tenta camuflar a própria teoria pedagógica marxista, que substitui a educação existente com o seu processo "humanizador".

> Deste modo, a educação ou a ação cultural para a libertação, em lugar de ser aquela alienante transferência de conhecimento, é o autêntico ato de conhecer, em que os educandos — também educadores — como consciências "intencionadas" ao mundo ou como corpos conscientes, se inserem com os educadores

— educandos também — na busca de novos conhecimentos, como consequência do ato de reconhecer o conhecimento existente. Mas, não será demasiado reenfatizar, para que a educação, como prática da libertação, possa tentar a realização de um tal reconhecimento do conhecimento existente, de que decorre a procura de novos conhecimentos, jamais pode fazer coincidir sua forma de "tratar" a consciência do homem com o modo pelo qual a "trata" a educação dominadora. Daí a necessidade a que fizemos referência anteriormente de o educador, que fez a opção humanista, perceber corretamente as relações consciência-mundo ou homem-mundo. É por essa razão que a prática educativo-libertadora se obriga a propor aos homens uma espécie de "arqueologia" da consciência, através de cujo esforço eles podem, em certo sentido, refazer o caminho natural pelo qual a consciência emerge capaz de perceber-se a si mesma. No processo de "hominização" em que a reflexão se instaura, se verifica o "salto individual, instantâneo, do instinto ao pensamento". Desde aquele remotíssimo momento, porém, a consciência reflexiva caracterizou o homem como um animal não apenas capaz de conhecer, mas também capaz de saber-se conhecendo. Dessa forma, ao emergir, a consciência emerge como "intencionalidade" e não como recipiente a ser enchido (Freire, 1985, p. 115).

Assim como Marx disse que ser humano é ser capaz de ter consciência de que se é consciente, Freire considera o homem como capaz de conhecer (isto é, de ter consciência de) a si próprio como um conhecedor no processo de conhecer (isto é, de ser consciente). Dessa maneira, tanto para Marx quanto para Freire, o homem é um sujeito conscientemente conhecedor que pode saber que é conhecedor, e é capaz de agir com base nessa consciência — e é isso que o torna humano.

No final das contas, a estratificação da sociedade por meio da divisão do trabalho e da condição de classe aliena o homem de si mesmo, impedindo-o de ser capaz de fazer essas coisas ou de saber que ele é capaz de fazer essas coisas sob condições adequadas. Desse modo, ele não pode *ser* porque lhe é proibido *tornar-se* o que na realidade ele é (um comunista que vive numa utopia comunista a ser concretizada).

Freire estabelece essa distinção entre educação domesticadora e educação humanizadora — ou seja, tudo menos o seu modelo de educação *versus* o seu modelo de educação — em termos do que gera consciência orientada por intenção e do que não gera. Os leitores familiarizados com o que acontece na educação reconhecerão sem dúvida essa palavra em particular, *intenção*. Agora eles se darão conta de que a geralmente estranha palavra "intencionalidade" que aparece em muita literatura e prática educacional está associada a uma raiz marxista.

> Assim, enquanto para a educação como tarefa dominadora, nas relações consciência—mundo, aquela aparece como se fosse e devesse ser um simples recipiente vazio a ser "enchido", para a educação como tarefa libertadora e humanista a consciência é "intencionalidade" até o mundo (Freire, 1985, p. 114).

É claro que essa "intencionalidade até o mundo" é a intenção de transformar o mundo numa "utopia" marxista,[13] como Freire declara repetidas vezes em todos os seus trabalhos. Assim, Freire deixa extremamente claras aqui as suas intenções. Se você realmente educa estudantes, está engajado numa "tarefa dominadora". Por outro lado, se você deseja "libertá-los" ou "humanizá-los", precisa prepará-los para uma "intencionalidade" orientada no sentido de reconstruir o mundo adotando a análise marxista e o ativismo para gerar uma revolução cultural perpétua — sem exagero. Na concepção marxista (freiriana, portanto), a própria consciência tem uma intenção de transformação e humanização, e a educação genuína anula isso obscurecendo as "condições reais" do mundo dos estudantes.

> A educação bancária inibe a criatividade e domestica (embora não possa destruir completamente) a *intencionalidade* da consciência isolando a consciência do mundo, negando dessa maneira às pessoas sua vocação histórica e ontológica de tornarem-se mais completamente humanas (Freire, 1968, p. 83-84).

Mais uma vez repare que, embora Freire se refira aqui especificamente à educação bancária, que parece em grande parte exagerar e criticar o modelo prussiano, ela implica todas as abordagens pedagógicas que não sejam as dele. Para as pessoas que estão lendo essas observações e pensando "Sim, isso não deixa de ser verdade", porque no modelo prussiano isso pode levar a essa direção, é preciso reconhecer que são possíveis outros métodos educacionais que não o modelo prussiano, assim como a verdadeira educação, que não é freiriana nem "bancária". Freire cria uma falsa situação de escolha entre educação "bancária" e educação "dialógica" quando insiste que, em qualquer lugar no qual exista uma dinâmica em que o professor seja de alguma forma mais instruído que os alunos (ou na qual efetivamente um modelo hierárquico professor/estudante seja empregado), a educação é necessariamente não dialógica e, portanto, "bancária".

Contudo, está bastante óbvio, agora, que estudantes que frequentam escolas baseadas na pedagogia crítica de Paulo Freire estão bem mais longe de obter domínio de conhecimentos acadêmicos. Apesar das alegações de que a abordagem de Freire é um veículo para o domínio das disciplinas, a verdade é que esse não é o objetivo. Muito menos é o objetivo em modalidades de educação que derivam do método de Freire, tais como o ensino culturalmente relevante e a aprendizagem socioemocional, seja qual for o serviço que da boca para fora eles aleguem prestar ao desempenho acadêmico. Também é óbvio por que os participantes desses programas teriam chances muito maiores de se tornarem ativistas ignorantes que acreditam que tudo no mundo é extremamente problemático e carece de transformação radical, e dificilmente se tornariam cidadãos educados e produtivos. O objetivo é transformá-los em ativistas. Isso é o que você ganha quando os seus filhos vão para as escolas freirianas.

O UTOPISMO CRÍTICO DE PAULO FREIRE

Mas como saber se um estudante está participando de uma abordagem educacional freiriana, e quais as consequências que isso pode ter? Além das técnicas e abordagens características descritas logo adiante, entre as quais se destaca o modelo "dialógico" mencionado há pouco, dois critérios básicos são oferecidos por Freire. Em primeiro lugar, a abordagem tem de ser utópica. Em segundo lugar, por ser utópica tem de se usar a determinação crítica e o método adequados, o que a define como utópica tecnicamente. Convém notar que Freire considera o utopismo a característica que define a esquerda e que é impossível para a direita. Com efeito, essa é a característica que define a esquerda dialética que no final das contas está comprometida com a visão marxista de transformar a sociedade em seu sonho de comunidade global aprimorada, sem Estado e sem classes.

Para Freire, o utopismo começa com uma disposição de atitude particular: o gnosticismo científico de esquerda, isto é, uma disposição religiosa peculiar, tanto de modo geral como em termos de jurisprudência da Cláusula de Estabelecimento.

Dessa forma, escrever sobre um tema como o entendemos não é um mero ato narrativo. Ao apreendê-lo, como fenômeno dando-se na realidade concreta, que mediatiza os homens, quem escreve tem de assumir frente a ele uma atitude gnosiológica. ... Nossa atitude comprometida — e não neutra — diante da realidade que buscamos conhecer resulta, num primeiro momento, de que o conhecimento é processo que implica na ação — reflexão do homem sobre o mundo. Acontece, porém, que o caráter teleológico da unidade ação-reflexão, isto é, da práxis, com que o homem, transformando o mundo, se transforma, não pode prescindir daquela atitude comprometida que, desta forma, em nada prejudica nosso espírito crítico ou nossa cientificidade. O que não nos é legítimo fazer é pôr-nos indiferentes ao destino que possa ser dado a nossos achados por aqueles que, detendo o poder das decisões e submetendo a ciência a seus interesses, prescrevem suas finalidades às maiorias (Freire, 1985, p. 112).

Isso significa que uma abordagem freiriana da educação deve adotar e comunicar o aparelho, os temas, a finalidade e a ideologia que constituem o marxismo e que servem à meta marxista de tomar posse dos meios de produção da sociedade (do homem e do mundo, portanto) e assim transformar o mundo (humanizando-o). Leitores perspicazes perceberão que Freire diz que isso exige uma atitude gnosiológica, que é o que os marxistas chamam com frequência de sua teoria do conhecimento (nesse ponto, os cristãos voltarão a ter calafrios, porque isso mostra que o marxismo é em última análise uma heresia gnóstica que opera dentro de uma diabólica rotina de *software* de homens-deuses.)

No marxismo *woke*, aceitar "outras formas de conhecimento", desde que firmemente arraigadas no amplo método da teoria crítica e seu intrínseco "caráter teleológico" (expressão da finalidade última), é atitude "gnosiológica" — aquela atitude que preserva seu espírito crítico e seu cientificismo (fé religiosa no que se passa por "ciência"). Afirma que surgiu de um vislumbre do conhecimento absoluto (gnose) da realidade do homem e da sociedade, que ele supõe situar-se na

PREPARANDO A REVOLUÇÃO CULTURAL

experiência de opressão vivida (Marx teve esse vislumbre da realidade como existente no "fato" fenomenológico do sofrimento em virtude dos aspectos estruturais da realidade). Para Freire, e, portanto, para os marxistas *woke*, precisamos fazer isso porque o analfabeto, em virtude das "realidades" da sua vida e da marginalização ocasionada pelo analfabetismo, já é na prática conhecedor que possui um conhecimento mais importante e não reconhecido (excluído) o qual é necessário para transformar corretamente o mundo. Os analfabetos são "homens concretos" que "sabem" e "sabem que fazem coisas", mas eles são impedidos de conhecer as "realidades concretas" das suas "condições estruturais" sem uma educação política (freiriana) apropriada. Nós voltaremos a esse tema no próximo capítulo, porque, para Freire, esse "conhecimento" se torna concreto e aplicável pelo processo de conscientização — mais um conceito (neo-) marxista fundamental em todo o seu programa educacional.

Para que fique claro, o que Freire fez não foi *apenas* uma pedagogia marxista sem incluir doutrinação marxista. Sem o menor constrangimento Freire usa a sua teoria pedagógica marxista (pedagogia crítica) também para ensinar uma variação crítica da teoria marxista. Ele é totalmente claro quanto ao objetivo do seu programa educacional (e dedica capítulos dos seus livros a esse objetivo): cultivar uma consciência marxista ou crítica nos "aprendizes" para levá-los a se engajar na luta revolucionária a fim de demolir o sistema vigente. A ideologia (neo) marxista implícita é evidente em todos os seus escritos, repletos como são de pós--colonialismo radical. Com efeito, Freire argumenta claramente em *Política e educação* que depois da revolução, se bem-sucedida, a necessidade de consciência crítica e de uma teoria crítica da educação para promovê-la não cessa; pelo contrário, ela *aumenta*. Ao mesmo tempo que desponta, a Nova Sociedade já se encontra à direita do processo de transformação em andamento; é o novo *status quo*. Freire então passa a explicar que a revolução deve ser *perpétua* para ser autêntica, de modo que jamais se torne um (necrofílico) *status quo*, que será imposto a todos pelas elites no poder que se beneficiam dele.

Contudo, essa atitude é supostamente cheia de esperança porque é um *processo de libertação*. A educação existe para levar os estudantes a essa "compreensão científica" adequada da condição das suas vidas e à "atitude gnosiológica" apropriada para interpretá-la num processo incessante de esquerdismo. Ela tem um propósito: que se produza a condição utópica. Ela também tem um método, por meio de "denúncia e anúncio" implacáveis, que é a essência do projeto marxista crítico conhecido como "teoria crítica". Só é possível aplicar corretamente a teoria crítica a partir dessa "atitude gnosiológica" e de um "comprometimento histórico" com a sua práxis transformadora.

UMA NOVA ESPERANÇA RADICAL

Apesar de tudo, Freire não apoiou muito o marxismo clássico por meio do seu programa. Ele era neomarxista e teólogo da libertação, o que o colocava em conflito com os marxistas clássicos, que criticaram Freire violentamente por suas posições. Freire ensina uma mistura de teoria crítica marxista e teologia da libertação com seu modelo de pedagogia marxista. Ao fazer isso, ele se concentra particularmente na meta neomarxista de conscientização (despertar a consciência crítica partindo da falsa consciência condicionada por meio de ideologia ou da falta geral de consciência), que ele projeta em função das condições materiais e sociais das vidas dos "oprimidos". É desse modo que são descartados os termos da própria sociedade vigente, e o "homem novo" não chega para repetir a opressão que ele crê estruturar a sociedade tornando-se outro patrão, latifundiário, ideólogo ou burguês.

Observamos dessa maneira a forte virada para o conceito fenomenológico no centro de boa parte do marxismo *woke*: "experiência vivida". Sua predileção pela teologia da libertação explica os seus apelos à esperança (de que o marxismo dessa vez funcionará) e ao amor (simbolizado em Che Guevara, pelo visto), e explica também o caráter claramente religioso da sua visão da conscientização como objetivo da educação.

> Toda a prática revolucionária de Guevara foi um exemplo, sempre, de como ele buscava essa comunhão. Quanto mais estudamos sua obra, tanto mais nos convencemos de sua firme convicção em torno desta necessidade. É por isso mesmo que ele não hesita em reconhecer a capacidade de amar como uma indispensável qualidade revolucionária. [...] [Guevara] também não se fez guerrilheiro por desesperação, mas por amor verdadeiro. Ambos procuravam realizar o sonho do novo homem e da nova mulher, nascendo na e da prática da

libertação. Nesse sentido, ele encarnou a autêntica utopia revolucionária. Foi um dos maiores profetas dos silenciosos do Terceiro Mundo. Conversando com muitos deles, falou em nome de todos. Ao citar Guevara e seu testemunho como guerrilheiro, não queremos dizer que todos os revolucionários estejam obrigados, em diferentes circunstâncias históricas, a fazer o mesmo que ele fez. O indispensável, porém, é que busquem a comunhão com as massas populares. Tal comunhão é uma característica fundamental da ação cultural para a libertação (Freire, 1985, p. 84).

O processo "utópico" que Freire recomenda aqui é denunciar continuamente o mundo existente com base numa posição de consciência, que anuncia automaticamente a possibilidade de um novo mundo quando feita *de maneira crítica*, isto é, com consciência marxista — a tal atitude gnosiológica. Isso trará eventualmente um mundo ideal, à medida que cada aspecto errado da sociedade for denunciado, abrindo caminho para o anúncio de novas possibilidades, as quais supostamente florescerão ao longo do tempo (sendo Che Guevara a referência idealizada para o processo). Uma vez mais, isso é um pouco diferente da concepção do marxista crítico Herbert Marcuse, que em 1969 escreveu:

O pensamento negativo tira de sua base empírica qualquer que seja a força que possa ter: a real condição humana na sociedade como ela se apresenta e as possibilidades "que se apresentam" para que essa condição seja sobrepujada, para que o reino da liberdade se amplie. Nesse sentido, o pensamento negativo é "positivo" em razão dos seus próprios conceitos internos: orientado para um futuro "contido" no presente e compreendendo esse futuro. E nessa contenção (um aspecto importante da política geral de contenção buscada pelas sociedades estabelecidas) o futuro desponta como libertação possível. Não é a única alternativa: o advento de um longo período de barbárie "civilizada", com ou sem aniquilação nuclear, também está contido no presente. O pensamento negativo, e a práxis guiada por ele, é o esforço positivo e afirmativo para evitar essa absoluta negatividade (Marcuse, 1969, p. 89).

Diga-se de passagem que os cristãos terão calafrios mais uma vez, e não somente pela religião hermética misteriosa manifestada aqui. Eles estremecerão

A PEDAGOGIA DO MARXISMO

ainda mais fortemente se olharem com atenção para o que surge dessa visão, a "esperança crítica" freiriana, que corrompe quase completamente o chamado à fé em Hebreus 11:1, substituindo a fé em Deus por um chamado ao ativismo marxista.

> Não há anúncio sem denúncia, assim como toda denúncia gera anúncio. Sem este, a esperança é impossível. Mas, numa visão autenticamente utópica, não há como falar em esperança se os braços se cruzam e passivamente se espera. Na verdade, quem apenas espera, vive esse tempo em vão. A espera só tem sentido quando, cheios de esperança, lutamos para concretizar o futuro anunciado, que vai nascendo na denúncia militante. Não pode haver esperança verdadeira, também, naqueles que tentam fazer do futuro a pura repetição de seu presente, nem naqueles que veem o futuro como algo predeterminado. Têm ambos uma noção "domesticada" da História. Os primeiros, porque pretendem parar o tempo; os segundos, porque estão certos de um futuro já "conhecido". A esperança utópica, pelo contrário, é engajamento arriscado. É por isso que as classes dominantes, que apenas podem denunciar a quem as denuncia e nada podem anunciar a não ser a preservação do *status quo*, não podem ser, jamais, utópicas nem proféticas (Freire, 1985, p. 58).

Para Freire, a esperança reside no fato de que nós podemos denunciar o mundo existente e tomar medidas para desestabilizar e desmantelar os seus processos e formas de saber (e assim o "pensamento negativo" de Marcuse). A esperança reside na crença de que não temos de aceitar a domesticação por meio da educação, e que veremos o dia em que ela chegará ao fim. Desse modo, lemos em Hebreus: "A fé é confiança em algo que esperamos e certeza de algo que não vemos". Freire entende que nós não devemos saber como é o futuro utópico. Isso nos levaria a impô-lo, o que é um erro da direita e uma nova forma de opressão. Nós apenas precisamos denunciar segundo a consciência e abraçar a práxis marxista e... a esperança.

Não existe, na verdade, esperança para o modelo freiriano, não há dúvida disso. Isso não significa que não sirva para nada, nem que não traga mais esperança aos esquerdistas dialéticos que por pouco não desistiram. Considere as palavras de Henry Giroux sobre o que a pedagogia de Freire trouxe ao marxismo crítico quando este começou a decair e fracassar nos anos de 1970, no momento em que os "radicais de 1960" abriam caminho nas salas de aula, como Isaac Gottesman nos diz.

> Para a nova sociologia da educação, as escolas foram avaliadas principalmente a partir de uma linguagem de crítica e dominação. Levando-se em conta que elas eram vistas principalmente como reprodutivas em sua essência, os críticos de esquerda fracassaram em fornecer um discurso programático por meio do qual fossem estabelecidas práticas hegemônicas contrastantes. A agonia da esquerda nesse caso era que a sua linguagem de crítica não oferecia esperança a professores, pais e estudantes para que travassem uma luta política dentro das próprias escolas. Em consequência disso, a linguagem de crítica foi incorporada ao discurso de desespero. (Freire, 1985, p. xv-xvi).

O que trouxe a esperança de volta para os radicais foi a insistência de Freire de que mudando a nós mesmos — morte radical e renascimento — e então agindo no sentido de denunciar e anunciar, a libertação das estruturas opressivas (em termos marxistas) poderia realmente ter uma oportunidade de acontecer. A meta do seu programa educacional, como ele deixou claro, é portanto a *conscientização*, e é excepcionalmente eficaz em produzi-la. Para Freire, o processo de educação política é isto: conscientização. E com "conscientização" ele literalmente se refere ao processo marxista (ou maoísta) de reforma do pensamento.

Assim, se a pedagogia de Freire é supostamente a "pedagogia da esperança", como sugere o título de seu livro semiautobiográfico de 1992, para que serve essa esperança? Como já vimos, a resposta de Freire para isso é explícita: para a revolução cultural perpétua. Ou, dito de outra maneira, essa é uma falta perpétua da mesma estabilidade que, em 1969, Marcuse identificou como uma força inerentemente estabilizadora que rouba da classe revolucionária o seu potencial revolucionário. É o caos transformado numa escada com degraus feitos com seus filhos disfuncionais programados para serem ativistas que simplesmente acreditam que não é possível viver em um mundo que não esteja voltado para uma utopia marxista sustentável.

CONSCIENTIZAÇÃO

Agora nós chegamos, enfim, ao ponto que interessa. A conscientização é o *objetivo* principal do programa de educação de Paulo Freire. Significa levar às pessoas a consciência marxista das circunstâncias em que elas vivem. No quadro geral, isso ocorre mediante um método generoso que chamarei de "freiriano" e que se desenvolve em três passos: (1) identificar o contexto relevante do "aprendiz" para descobrir "temas geradores"; (2) mostrar ao aprendiz imagens ou outras representações abstratas do seu contexto ("codificações") representadas nos temas geradores; e (3) problematização dessas representações e do contexto que elas representam nas vidas dos "aprendizes" ("decodificação") para "conscientizá-los" a respeito das "condições reais" do "contexto político" em que vivem. Espera-se que o processo freiriano alfabetize de fato (ou ensine alguma disciplina) por trás desse programa de alfabetização política que supostamente envolve de maneira apropriada os "aprendizes" no processo de ensino.[14]

A metodologia de Paulo Freire, como discutiremos mais detalhadamente nos próximos capítulos, cumpre essas etapas por meio do diálogo e da conversação entre aprendizes e "educadores", que são considerados *facilitadores*. Em outras palavras, eles facilitam o "modelo dialógico" de educação freiriano, que substitui o "modelo bancário". O aprendiz "conscientizado" será *politicamente alfabetizado* e, portanto, será capaz de reconhecer as "reais" condições da sua vida, suas causas "estruturais" e seu papel no sentido de mudá-las. Fundamentalmente, tudo isso será compreendido de uma perspectiva que se alinha com os "oprimidos" ou "o povo" em solidariedade a eles (daí o título *pedagogia do oprimido*). A conscientização, como vimos anteriormente, equivale para Freire a uma morte e um renascimento religiosos — aliás, é o *verdadeiro significado da Páscoa*, que deve ser experimentado em termos existenciais para ser válido. Trata-se sem dúvida de uma inegável experiência de conversão religiosa.

CONSCIENTIZAÇÃO

A CONSCIENTIZAÇÃO FUNCIONA, PORÉM NÃO EDUCA

Uma apresentação mais precisa desse processo de três passos seria assim: (1) coletar dados dos estudantes para descobrir o que pode levá-los à radicalização; (2) oferecer material radicalizante *por meio do currículo estabelecido*; e (3) preparar as reações dos estudantes a esse material a fim de assegurar que ele os radicalize na direção da "consciência crítica" marxista. Em resumo, trata-se de um processo de reforma do pensamento. Lembre-se do que os pesquisadores que estudaram a abordagem freiriana viram na Nigéria:

Etapa dois: a seleção de palavras do vocabulário descoberto
A partir dos debates dos estudantes, as palavras geradoras escritas pela equipe de facilitadores eram: recursos, dinheiro, abundância, petróleo bruto, roubo, bolso, pedinte, abundância, pobreza, sofrimento, frustração, choro, fome, crise, agonia, morte.

Essas palavras foram mais tarde representadas na forma de imagens que mostravam as realidades e situações concretas das vidas das pessoas. A exibição de imagens provocou um estado emocional de piedade e raiva entre os debatedores, alguns dos quais não podiam falar; a maioria deles chegou às lágrimas perguntando: "Por quê?! Por quê?! Por quê?! Por quê?!".

Para evitar confusão, repare que o que os pesquisadores apresentam como "etapa dois" abarca grande parte do que eu denominei passo (2) e passo (3) há pouco. O que os pesquisadores chamaram de "etapa três" é o "processo real de treinamento de alfabetização" dos estudantes, que no método freiriano seria aprender a ler e escrever e também dedicar grande atenção à "alfabetização política" no contexto das suas vidas, como foi mostrado pouco antes. Mas você deve se lembrar de que os "aprendizes" desse método nunca chegaram lá: eles foram reduzidos emocionalmente a "frangalhos" e se recusaram terminantemente a aprender a ler.

Etapa três: o processo real de treinamento de alfabetização
Uma vez completada a segunda etapa, para a grande surpresa dos facilitadores os debatedores não estavam dispostos a participar do processo de treinamento/alfabetização. Eles estavam furiosos, revoltados, agitados e gritando. Eles estavam muito abalados, as emoções em frangalhos. Gritavam Mudança!

89

Mudança! Mudança! Amaldiçoavam furiosamente aqueles que tinham, de um modo ou de outro, contribuído para o sofrimento do povo. Conclusão: a aquisição de habilidades básicas de alfabetização não tinha significado algum para eles, e na verdade era irrelevante. Alguns deles chegaram a perguntar aos facilitadores: "*Vocês, pessoas instruídas, o que fizeram para mudar a situação, em vez disso só pioraram quando conseguiram o cargo*".

A conscientização definitivamente *funciona*, portanto, já que claramente se obtém a radicalização dos "aprendizes"; porém, essa conscientização não apenas fracassa em educar como também gera condições sob as quais a educação é praticamente impossível — o que, segundo Freire (veja logo adiante) poderia ser chamado de "mentalidade de vítima". É curioso notar que Freire parecia estar a par desse problema desde muito cedo, mas isso não o deteve. Ele até aborda a questão no prefácio de *Pedagogia do oprimido* para depois despachá-la como ridícula (em termos marxistas risíveis) e culpar por sua ocorrência o sistema e as próprias pessoas que sofrem as consequências disso:

> Discutia-se, na oportunidade, se a conscientização sobre uma situação existencial, concreta, de injustiça, não poderia conduzir os homens dela conscientizados a um "fanatismo destrutivo" ou a uma sensação de desmoronamento total do mundo em que estavam esses homens. A dúvida, assim expressa, deixa implícita uma afirmação nem sempre explicitada, no que teme a liberdade: "Melhor será, que a situação concreta de injustiça não se constitua num 'percebido' claro para a consciência dos que a sofrem". Na verdade, porém, não é a conscientização que pode levar o povo a "fanatismos destrutivos". Pelo contrário, a conscientização, que lhe possibilita inserir-se no processo histórico, como sujeito, evita os fanatismos e o inscreve na busca de sua afirmação. "Se a tomada de consciência abre o caminho à expressão das insatisfações sociais, se deve a que estas são componentes reais de uma situação de opressão" [Francisco Weffort].
>
> O medo da liberdade, de que necessariamente não tem consciência o seu portador, o faz ver o que não existe. No fundo, o que teme a liberdade se refugia na segurança vital, como diria Hegel, preferindo-a à liberdade arriscada. Raro, porém, o que manifesta explicitamente este receio da liberdade. Sua tendência é, antes, camuflá-la, num jogo manhoso, ainda que, às vezes, inconsciente. Jogo artificioso de palavras em que aparece ou pretende aparecer como o que defende

a liberdade e não como o que a teme. A suas dúvidas e inquietações empresta um ar de profunda seriedade. Seriedade de quem fosse o zelador da liberdade. Liberdade que se confunde com a manutenção do *status quo*. Por isto, se a conscientização o põe em discussão, ameaça, então, a liberdade (Freire, 1968, p. 35-36).

As evidências desmentem Freire, mas ele foge delas construindo sua pedagogia de maneira a culpar pelos fracassos não o próprio método, mas aqueles que o implementam ou os que são prejudicados por ele. Tenho de insistir, contudo, que esse resultado desastroso é certo, porque, conforme indicou o próprio Freire, o processo real de alfabetização — aprender a ler e a escrever — é de importância secundária na melhor das hipóteses, talvez até irrelevante diante dos verdadeiros propósitos do seu método. Explicitamente, os objetivos do seu método educacional são aumentar a "alfabetização política" e encorajar o ativismo nos "aprendizes". Em outras palavras, o verdadeiro objetivo da pedagogia de Freire é a conscientização, e na prática acaba tornando-se supérflua a alfabetização propriamente dita daqueles que passam pela lavagem cerebral dessa pedagogia. Como já vimos anteriormente em várias observações do próprio Freire, ele já deixou isso claro o suficiente.

Para deixar essa questão fartamente clara, o objetivo do processo de Freire não é de maneira nenhuma ensinar estudantes a ler (nem os levar a alcançar nenhuma outra realização acadêmica), a não ser por um feliz acaso. Aí está a cortina de fumaça. Aí está a trapaça. O objetivo é levar os estudantes a *reconhecerem o seu contexto político* e seus próprios papéis como participantes conscientes na transformação desse contexto, ao estilo marxista, com a ajuda de "educadores" como facilitadores no processo. O método é *redefinir e explorar deliberadamente* os currículos acadêmicos existentes como veículos para o seu processo — matando-os, arrancando suas vísceras e então vestindo-os como se fossem ternos, como um lobo em pele de cordeiro. Considerando que usurpa a educação e em seu lugar instala a radicalização, esse método *funciona*, sem dúvida — mas não *educa*.

A CONSCIENTIZAÇÃO COMO REFORMA DO PENSAMENTO

Existe outra maneira de compreender a conscientização que é definitivamente assustadora e difícil de negar uma vez feita a conexão. *Conscientização* é o processo de *reforma do pensamento*, que é a tradução dada pelo psicólogo Robert Jay Lifton à palavra em mandarim para "lavagem cerebral" nas prisões de reeducação maoista na China comunista (*condicionamento* político/de culto também seria uma palavra aceitável). Considere os seguintes trechos do livro de Lifton (1961), *Thought Reform and the Psychology of Totalism: A Study of "Brainwashing" in China* [Reforma do pensamento e a psicologia do totalitarismo: um estudo sobre lavagem cerebral na China].

[Citando um prisioneiro libertado, dr. Charles Vincent] "Na cela, você tem de se esforçar a fim de reconhecer os seus crimes. [...] Fazem com que você compreenda que seus crimes são muito graves. Você fez mal ao povo chinês. Você é sem dúvida um espião, e a culpa por toda a punição que recebeu foi só sua. [...] Na cela, doze horas por dia, você fala sem parar, fala e fala — você tem de participar — você precisa falar sobre si mesmo, criticar, fiscalizar a si mesmo, denunciar o que está pensando. Aos poucos você começa a admitir coisas, e a olhar para si mesmo usando sempre o 'julgamento do povo'" (p. 27).

Durante oito dias e oito noites, Vincent passou por esse programa que alternava debate e interrogatório, e não permitiram de forma alguma que ele dormisse. Além disso, seus colegas de cela lhe diziam constantemente que ele era o único responsável por seu próprio problema. ("Você quer as correntes! Você quer ser baleado! ... Se não fosse assim você seria mais 'sincero' e as correntes não seriam necessárias.") Ele se viu numa situação kafkiana de acusações vagas e mesmo assim condenatórias: ele não podia nem entender exatamente do que era culpado ("reconhecer seus crimes") nem podia de modo algum comprovar a sua inocência. Vencido pela exaustão, pela confusão e pela impotência, ele parou totalmente de resistir (p. 23).

[Citando o dr. Vincent] "Você sente que se vê do lado do povo, e que você é um criminoso. Às vezes — não o tempo todo — você acha que eles estão certos. 'Eu fiz isso, sou um criminoso.' Se você duvida, guarde essa dúvida para você mesmo. Porque se você admitir a dúvida será confrontado duramente e perderá o progresso que havia conseguido. [...] Dessa maneira, eles constroem uma mentalidade de espião... Você se sente culpado, porque o tempo todo você é obrigado a olhar para si mesmo do ponto de vista do povo, e quanto mais você se aprofunda no ponto de vista do povo mais reconhece os seus crimes." (p. 30).

Embora o processo numa prisão política chinesa seja obviamente extremo em comparação com o que se passa em escolas (ou em sessões coletivas de treinamento de "diversidade, igualdade e inclusão" ou "preconceito inconsciente"), a essência da reforma do pensamento equivale ao processo de conscientização que Freire chama de verdadeira educação. O objetivo é fazer com que você reconheça o seu contexto — depois de extrair isso de você por meio de perguntas e entrevistas — e então reinterpretá-lo de acordo com o ponto de vista adequado ("do povo" ou "do oprimido") até que você o aceite. É exatamente por esse motivo que Freire deu à sua obra principal o nome de *Pedagogia do oprimido*! Esse é o objetivo do seu programa: levar as pessoas a enxergarem o mundo pelo ponto de vista do oprimido. Por meio de um interminável diálogo com um "facilitador", e efetivamente em grupos de aprendizagem entre pares (outra característica inconfundível da "educação" freiriana enxertada nos programas de "mediação docente" derivados de Lev Vygotsky), você é cada vez mais compelido a enxergar as suas circunstâncias através da lente marxista que interpreta a "opressão", até que você renasça solidário com a questão da opressão.

Então não é coincidência que Lifton, assim como Freire na conscientização, também explique que o principal propósito do processo de reforma do pensamento (*lavagem cerebral*) nas prisões na China comunista é provocar uma *morte e renascimento* mentais.

Dr. Vincent e Padre Luca tomaram parte nesse agonizante drama de morte e renascimento. Em ambos os casos, não restou dúvida de que o "espião reacionário" que chegou à prisão devia morrer, e que em seu lugar devia surgir um "novo homem" renascido nos moldes comunistas. A propósito, o dr. Vincent até usou a frase "Morrer e renascer" — palavras que ele ouviu mais de uma vez durante o seu encarceramento.

Nenhum desses dois homens deu início ao drama; na verdade, ambos resistiram a ele no começo, e tentaram se afastar dele. Mas o seu ambiente não permitia desvios: eles foram obrigados a participar, atraídos pelas forças ao seu redor, até que eles próprios começaram a sentir necessidade de confessarem e se corrigirem. *Essa penetração das forças psicológicas do ambiente nas emoções mais profundas do indivíduo talvez seja o fato psiquiátrico surpreendente da reforma do pensamento.* O ambiente exerce pressões esmagadoras sobre o prisioneiro, e ao mesmo tempo permite apenas um número bastante limitado de alternativas para que o prisioneiro se adapte a elas. Na interação entre pessoa e ambiente, ocorre uma sequência de passos ou operações — de combinações de manipulação e reação. Todos esses passos giram em torno de duas políticas e duas exigências: a alternância entre ataque e clemência e a insistência por confissão e reeducação. As agressões físicas e emocionais provocam a morte simbólica; clemência e o desenvolvimento da confissão são a ponte entre morte e renascimento e o processo de reeducação, juntamente com a confissão final, cria a experiência do renascimento.

Morte e renascimento, ainda que simbólicos, afetam todo o ser, mas principalmente a parte do ser relacionada às lealdades e às crenças, ao sentimento de ser uma pessoa específica e ao mesmo tempo estar associado e integrar grupos de outras pessoas — em outras palavras, a parte do ser relacionada ao senso de identidade interior (Lifton, 1961, p. 66).

Para Freire, as pessoas renascem na conscientização, e sua identidade aflora na solidariedade com o oprimido como um sujeito consciente, conhecedor e criador da História. É o mesmo processo em dois cenários diferentes.

Enquanto este é sempre o educador dos educandos, o educador para a libertação tem de "morrer" enquanto exclusivo educador dos educandos no sentido de renascer, no processo, como educador — educando dos educandos. Por outro lado, tem de propor aos educandos que também "morram" enquanto exclusivos educandos do educador para que renasçam como educandos-educadores do educador-educando. Sem essa "morte" mútua e sem esse mútuo "renascimento", a educação para a libertação é impossível (Freire, 1985, p. 105).

Para repetir a interpretação decisiva para isso que Freire dá mais tarde em *Política e educação*:

Essa Páscoa, que resulta na mudança de consciência, deve ser existencialmente experenciada. A Páscoa verdadeira não é verbalização comemorativa, mas práxis, compromisso histórico. A Páscoa na verbalização é morte sem ressurreição. Só na autenticidade da práxis histórica a Páscoa é morrer para viver. Mas uma tal forma de experimentar-se na Páscoa, eminentemente biofílica, não pode ser aceita pela visão burguesa do mundo, essencialmente necrofílica, por isso mesmo, estática. A mentalidade burguesa tenta matar o dinamismo histórico e profundo que tem a Passagem. Faz dela uma simples data no calendário.

A ânsia da posse, que é uma das conotações da forma necrofílica de ligação com o mundo, recusa a significação mais profunda da travessia. Na verdade, porém, não posso fazer a travessia se carrego em minhas mãos, como objetos de minha posse, o corpo e alma destroçados dos oprimidos. Só posso empreender a travessia com eles, para que possamos juntos renascer como homens e mulheres libertando-nos. Não posso fazer da travessia um meio de *possuir* o mundo, porque ela é, irredutivelmente, um meio de *transformá-lo* (Freire, 1985, p. 123).

Convém aproveitar a oportunidade para mostrar que Freire faz o mesmo em *Pedagogia do oprimido*, porém de modo menos gratuito:

Dizer-se comprometido com a libertação e não ser capaz de comungar com o povo, a quem continua considerando absolutamente ignorante, é um doloroso equívoco. Aproximar-se dele, mas sentir, a cada passo, a cada dúvida, a cada expressão sua, uma espécie de susto, e pretender impor o seu *status*, é manter--se nostálgico de sua origem. Daí que esta passagem deva ter o sentido profundo do renascer. Os que passam têm de assumir uma forma nova de estar sendo; já não podem atuar como atuavam; já não podem permanecer como estavam sendo (Freire, 1968, p. 61).

É importante observar que as prisões para reforma do pensamento usadas por Mao Zedong na China foram uma recriação dos *gulags* utilizados por Lênin e Stálin na União Soviética. Os *gulags* não eram campos de concentração como os que os nazistas usaram para judeus e outros inimigos — eram prisões de *reeducação* que aliavam a reforma do pensamento rudimentar com reforma por meio de trabalho forçado, e o propósito dessas prisões era levar o prisioneiro a ver o mundo e a si mesmo a partir do ponto de vista "do povo". A foice e o martelo representam o verdadeiro trabalho, que irá redefinir você assim que você o reconhecer! *Arbeit macht frei* — o trabalho liberta. Como observa Lifton, casos praticamente incontroláveis de insubordinação na China Maoista foram transferidos de prisões destinadas à reforma do pensamento para outras prisões mais brutais que reeducavam por meio do trabalho (isto é, os *gulags*). Nesse aspecto, as prisões para reforma do pensamento podem ser consideradas um instrumento mais sofisticado do que os atrozes *gulags* de Stálin, e a educação freiriana representa uma sofisticação adicional do método que ela introduz sutilmente, assim como fez Mao, por toda a sociedade.

OS ESTÁGIOS DE CONSCIENTIZAÇÃO

A conscientização é novamente o principal *objetivo* do programa educacional freiriano. É uma palavra de peso que significa exatamente o que parece sugerir: o processo de despertar da consciência crítica, que é a consciência ativista neomarxista. É tornar-se "consciente" do contexto político como um marxista crítico (ou um marxista *woke*, nos dias de hoje); é aprender a "reconhecer" as condições da sua vida do ponto de vista do oprimido, bem como reconhecer o seu papel em perpetuá-las e o potencial para transformá-las.

Pensadores marxistas de todos os tempos, especialmente desde a década de 1920, preocuparam-se principalmente com o processo de tornarem-se conscientes das "realidades" da sociedade e da "necessidade" de criar mudança sistemática. Eles se deram conta de que Marx estava errado. A consciência não se manifesta espontaneamente (despertada pela pregação do credo comunista e pelas intoleráveis condições de trabalho). Pior: quando as coisas se complicam, como na eclosão de uma Guerra Mundial, os trabalhadores do mundo cessam a união e se refugiam em suas identidades nacionais. A consciência tem de ser deliberada e cuidadosamente construída.

Isso originou um capítulo inteiramente novo no pensamento marxista: o marxismo cultural, que buscou abordar essas questões. Nesse aspecto, o mais notável entre os teóricos marxistas talvez tenha sido o húngaro marxista György Lukács, que desenvolveu de maneira significativa o conceito em seu livro de 1923 (indiscutivelmente a sua principal obra), *History and Class Consciousness*. Paulo Freire parece apoiar-se firmemente na formulação da consciência de Lukács e em seu desenvolvimento — pois as formulações são bastante semelhantes —, e as ideias de Freire sobre conscientização se assemelham às do seu predecessor húngaro. Lukács, particularmente, sustentava que a consciência era *educável* e *gradual*, isto é, pode ser ensinada e vem em etapas. Apenas para constar, Lukács ocupou o cargo de Ministro da Educação na efêmera República Soviética Húngara de Béla Kun, em 1919.

Para Lukács e para Freire, a consciência crítica não é apenas algo que você tem ou não tem (é importante ressaltar que Lucáks não se refere a isso como consciência *crítica* nos idos de 1923, mas segue usando a expressão marxista anterior, "consciência *de classe*"). Existem níveis para uma consciência marxista política, e esses níveis são despertados de maneira progressiva em estágios.

> Seria tolice acreditar que essa crítica e o reconhecimento de que uma atitude pós-utópica diante da história tornou-se objetivamente possível significam que o utopismo pode ser rejeitado como um instrumento na luta do proletariado por liberdade. Isso é verdadeiro apenas para os estágios da consciência de classe que alcançaram de fato a união de teoria e prática descrita por Marx, a intervenção real e prática da consciência de classe no curso da História, e por conseguinte a compreensão prática da coisificação. E nem tudo isso se deu de um golpe só e de modo coerente. Portanto não existem somente estágios nacionais e "sociais" envolvidos; existem também gradações dentro da consciência de classe de trabalhadores no mesmo estrato (Lucáks, 1923, p. 78).

Para Freire, esse é o objetivo de uma educação "política": o desenvolvimento por meio de estágios de conscientização. Essa concepção desenvolve os conceitos anteriores de Marx a respeito de consciência de classe. De qualquer modo, a classe estrutural inferior tem de se dar conta de que é uma subclasse marginalizada, e então tem de se dar conta de que a estrutura é que a marginaliza, e então tem de compreender que a classe superior estrutural estabelece os parâmetros da estrutura e dessa maneira os domina e os oprime; mas essa é só a primeira parte da conscientização. De acordo com Marx, a subclasse que desperta (o "proletariado" consciente) tem de compreender que é um "sujeito consciente" dentro da realidade estrutural na qual é oprimida; além disso, nessa condição tem um papel singular a desempenhar na alteração do curso da História rumo a uma grande libertação. Os proletários precisam perceber que são agentes da mudança que compreendem o desenvolvimento correto do mundo, da humanidade e das sociedades humanas.

De certa forma, Marx deixou passar despercebido esse fato crucial da conscientização. Para ele, parecia haver quatro estágios de percepção: sem consciência de classe, comunismo rudimentar, proletariado com consciência de classe e comunismo verdadeiro (transcendente). Isto é, há pessoas que não compreendem o que está acontecendo, pessoas que passaram a ter ódio do capitalismo e da propriedade privada, pessoas que despertaram para a sua capacidade de transformar a História como tal e pessoas que transcenderam completamente a propriedade privada como homens inteiramente despertos. Marx escreveu sobre o problema de ficar preso ao comunismo rudimentar, mas nem de longe desenvolveu essas ideias com a profundidade que vemos em Lukács e Freire desenvolveu essas ideias mais ainda num programa que praticamente não exige nada dos seus ativistas, exceto uma disposição crítica (atitude gnosiológica).

Assim, é possível resumir os estágios da conscientização da seguinte maneira, como uma série de crenças nas quais, para acreditarem nelas, as pessoas têm de ser reeducadas ou preparadas (embora essas classificações e descrições sejam minhas, não como Lukács e Freire as descrevem):

1. Consciência de classe: consciência de que você é membro de uma classe numa sociedade de classes.
2. A natureza da sociedade de classes: a sociedade de classes desumaniza aqueles que ela oprime.
3. Compreensão holística: todas as classes são parte de um todo mais abrangente da sociedade, significando que "opressão" ocorre dentro de uma dinâmica estrutural entre opressores e os que por eles são oprimidos, todos os quais são desumanizados nesse processo: não há marginalizado sem marginalização e não há marginalização sem marginalizador.
4. Sujeito consciente na História — você é um potencial construtor da História, mas a opressão que sofreu o impediu de saber disso a respeito de si mesmo.
5. Conhecimento do ponto de vista — como um oprimido, você possui um papel especial na construção da História, como a negação dialética das condições de opressão; isto é, você tem de ser um revolucionário que muda a História.
6. Consciência de classe (primeira consciência marxista real) — você está em solidariedade de classe dentro da sua classe em razão da sua opressão e

tem de desempenhar o papel de dar fim à opressão inteiramente por meio da revolução. *Mas...* E é um *grande* mas! A sociedade de classes propriamente dita é o problema, de acordo com Marx, uma profunda contradição. Até esse ponto o progresso está de acordo com Lukács.

7. Consciência crítica (segunda consciência marxista; consciência marxista crítica; consciência marcusiana) — a sociedade de classes em si mesma é um problema, por isso é preciso destruir os termos básicos da sociedade de classe, porque do contrário a consciência de classe reproduzirá a sociedade de classes mais uma vez (pense em Lênin ou em Stálin).

8. Consciência utópica (consciência freiriana) — após qualquer revolução a consciência crítica deve aumentar, não diminuir, e a nova sociedade que desponta deve ser imediatamente criticada e passar por outra revolução a fim de que não estabeleça uma sociedade de classes. Não se deve apresentar nenhuma visão para a nova sociedade, para que não seja imposta e se torne opressiva. Revolução cultural perpétua contra toda opressão.

9. Verdadeira consciência marxista — a total transcendência da propriedade privada, da divisão do trabalho, da divisão de identidades e de qualquer outro mecanismo que estratifique a sociedade (também conhecida como "justiça social"). Ela chega depois que toda a opressão foi denunciada o suficiente para que não possa mais ser reproduzida e o homem passa a entender sua verdadeira natureza como um ser perfeitamente social(ista) enquanto surge a sociedade sem estado e sem classes (incluindo classes culturais e de identidade). Importante: esse estado de consciência existe somente quando todos (ainda vivos) o possuem; até que isso se concretize, "o comunismo real não foi experimentado".

Ao longo do século passado, os marxistas se viram diante de uma dificuldade: como avançar da consciência de classe para a verdadeira consciência marxista, conforme determinada pelo próprio Marx. A questão é que uma classe dotada de consciência de classe pensa em si mesma como classe, sobretudo depois de se unirem para a realização de uma revolução; para que seja alcançada a verdadeira consciência marxista, porém, é preciso abolir completamente a própria classe. Marx acreditava que isso funcionaria dialeticamente sob o socialismo (na ditadura do proletariado), e o Estado "definharia" quando não houvesse mais necessidade de administrar disputas de classe em uma sociedade sem classes (importante: para Marx, isso significa que o Estado representa a entidade que liberta o homem da queda, tornando mais fácil o caminho e então sacrificando-se em nome da nossa emancipação). Lênin enfatizou que, no momento em que concentrasse o poder absoluto, o Estado se tornaria desnecessário e se dissolveria. Tudo isso é obviamente um absurdo (religioso). Portanto, Lukács (1923, p. 80) estava bastante consciente do problema, mas não tinha a solução quando escreveu:

> Jamais devemos ignorar a distância que separa a consciência do trabalhador, mesmo o mais revolucionário, da autêntica consciência de classe do proletariado. Mas até mesmo essa situação pode ser explicada segundo a teoria marxista de luta e consciência de classe. O proletariado só se aperfeiçoa aniquilando-se e transcendendo-se, criando a sociedade sem classes por meio da conclusão vitoriosa da sua própria luta de classes. A luta por essa sociedade, na qual a ditadura do proletariado é mera fase, não é apenas uma batalha travada contra um inimigo externo, a burguesia. É igualmente a luta do proletariado *contra si mesmo*: contra os efeitos devastadores e degradantes do sistema capitalista em sua consciência de classe. O proletariado somente obterá a real vitória quando superar esses efeitos em si mesmo.

A tese de Freire busca preencher lacunas, primeiro recorrendo a meio século de pensamento marxista crítico (consciência crítica) e depois introduzindo um estágio intermediário de pura destruição e esperança cega, a que eu dei o nome de "consciência utópica". Sua solução — elaborada aproveitando sugestões do que ele imaginou que estivesse acontecendo sob Mao na Revolução Cultural Chinesa (que ele elogiou) e do que romantizou em Che Guevara — não é nenhuma solução. É conscientizar repetidas vezes e ter uma revolução cultural permanente, perpétua... até que dê certo.

Na pedagogia freiriana, guiar as pessoas por esse processo de conscientização pelo menos até a consciência crítica, se não até a consciência utópica, é o que substitui o ensino — aplica a "alfabetização política" que substitui a alfabetização (que, por sua vez, é considerada uma perversão burguesa e colonialista da educação). Contudo, isso no final das contas significa que educação não é somente ensinar marxismo, mas também envolver-se na reforma marxista do pensamento, que é outro modo de forçar *programação de culto* ou *condicionamento*.

CONSCIENTIZAÇÃO

O objetivo do marxismo freiriano (que é essencialmente *woke*) é produzir e conservar adeptos que foram treinados para pensar como fiéis à seita marxista *woke* de Freire. Sua "esperança" consiste em crer que nenhuma sociedade funciona de fato até que a utopia finalmente surja das cinzas perpétuas, mas isso é possível por meio da crítica implacável a qualquer sociedade que tente se estabelecer. O método é a perversão de Freire da educação voltada para esse tipo de reforma do pensamento, que é descrita nas seções que se seguem. A capacidade de fazer isso é muito aumentada pela pedagogia marxista freiriana da própria educação, e em grande parte é por isso que Paulo Freire se tornou uma figura tão importante na teoria e na prática da educação.

Muita coisa está acontecendo aqui de uma só vez. Em primeiro lugar, o conhecimento genuíno não tem grande valor no mundo freiriano, que se baseia na teoria marxista do conhecimento. O conhecimento excluído deve ser privilegiado porque foi excluído, mesmo que errado, principalmente se puder ser usado como bola demolidora ativista contra a sociedade existente, ou mesmo contra a nova sociedade produzida pelo ativismo. Em segundo lugar, diferente de outros Estados marxistas, que necessitam de engenheiros, médicos, cientistas, burocratas aos montes e outros profissionais para fazê-los trabalharem até alcançarem o êxito e o controle global, o programa de Freire não tem serventia para essas coisas. Necessita apenas de educadores e guerrilheiros, pois não tem o objetivo de erguer ou consolidar uma sociedade funcional; seu objetivo é libertar os homens disso ou daquilo.

É de se notar que uma teoria marxista do conhecimento reproduz e modula de um modo que nenhuma outra tendência de pensamento marxista faz. Todos os campos ou domínios do pensamento, da educação à física, da medicina à escalada, da economia às ciências ambientais, da ciência de alimentos à teologia, podem ser imediatamente inseridos num modelo de conflito marxista sob a alegação de que o domínio do pensamento reconhece injustamente determinados conhecimentos, conhecedores e formas de conhecer privilegiados enquanto exclui e marginaliza outros para o seu próprio benefício. Essa é a sua grande força. Sua grande fraqueza é que obrigatoriamente deve acolher "conhecimentos", "conhecedores" e "formas de conhecer" contra os quais quase não tem filtro e que são verdadeiramente horríveis, deturpados, inventados ou até insanos. Nesse sentido, uma teoria marxista do conhecimento dissolve ao mesmo tempo a lógica da civilização (aliás, até o próprio *Logos*) e a sua própria capacidade de fazer o que quer que seja. No fim das contas, porém, o *seu* risco é também *nosso* risco.

Em consequência disso, contudo, não causa nenhuma surpresa que uma "educação" freiriana produza ativistas ignorantes que nada sabem fazer a não ser reclamar de coisas que obviamente não têm sentido (por exemplo: por que existe "História" e não "Histórie" ou "Histórix"? Trata-se de uma pergunta absolutamente estúpida, com surpreendente utilidade ativista). A pedagogia freiriana tem como objetivo produzir exatamente esse tipo de conscientização.

GERANDO CONSCIENTIZAÇÃO

Mais uma vez, o processo freiriano não é complicado. Os "aprendizes" têm seus dados coletados em entrevistas, conversas ou pesquisas; o propósito disso é descobrir quais experiências (reais), dicas sociais e emocionais, circunstâncias etc. podem radicalizá-los mais facilmente, embora às vezes esse prazer seja assumido pelo "educador" como facilitador. A aprendizagem social e emocional é um programa elaborado exatamente em torno desse planejamento. Esses "temas geradores" são então devolvidos de maneira abstrata por professores que os elevam conceitualmente "como iguais", e a educação concentra seus esforços em garantir que os aprendizes saibam por que são problemáticos e representam a vida em opressão — isto é, a sua própria vida, seja como fonte dessa opressão ou como vítima dela, ou ambos a um só tempo de certa maneira. Supostamente, obter domínio acadêmico advém dessa circunstância, porque a maior relevância do material para as suas vidas aumenta o interesse e o engajamento. Na realidade, os aprendizes se tornam "frangalhos emocionais" e então recebem "facilitação" para se tornarem radicais conscientes do ponto de vista crítico, mas verdadeiramente ignorantes.

Considere um exemplo. Em uma monografia de 2021 intitulada *Drag Pedagogy: The Playful Practice of Queer Imagination in Early Childhood* [Pedagogia drag: o exercício divertido da imaginação *queer* na primeira infância], os autores, Harper Keenan (que é trans) e "Meнininha do barulho" (seu nome real é Harris Kornstein, *drag queen* em tempo integral no programa e marca *Drag Queen Story Hour* [hora da história drag queen]), apresentam uma "pedagogia *drag*", uma teoria da

CONSCIENTIZAÇÃO

educação baseada em *performance drag*. Eles a descrevem de maneira explícita como uma prática *geradora* que introduz temas de identidade para crianças pequenas no ambiente de educação da primeira infância.

Recentemente, um programa para crianças pequenas chamado *Drag Queen Story Hour* (DQSH) cresceu em popularidade e também em controvérsia. Este estudo, escrito em colaboração por um acadêmico de educação e uma *drag queen* envolvida em uma organização DQSH, contextualiza o programa dentro do panorama de gênero na educação e também dentro do mundo *drag*, e argumenta que *Drag Queen Story Hour* proporciona uma extensão geradora da pedagogia *queer* no mundo da educação da primeira infância.[15]

O DQSH introduz indagações e diálogos que são usados para apresentar aulas de teoria marxista *queer* sob a marca programática da educação sexual abrangente. Afirma-se de modo explícito que ele não visa aumentar a empatia pelas questões LGBT, mas sim empregar uma abordagem pedagógica geradora (freiriana) para estimular as crianças a *"viver de maneira estranha"* (frase de impacto deles), algo que se define como uma oposição (ao estilo marxista) a todo e qualquer padrão ou concepção de normalidade, principalmente quanto a sexo, gênero e sexualidade. Em outras palavras, *drag queens* são levadas para as salas de aula de criancinhas para falarem sobre temas que conduzirão essas crianças a diálogos envolvendo sexo, gênero e sexualidade *que as conscientizem* segundo uma concepção marxista *queer* dessas questões e de questões relacionadas (incluindo saúde mental e física). Alega-se que *a mera presença* da *drag queen* é "geradora".

Dentro do contexto da DQSH, o estilo visual da *drag queen* funciona como provocação que convida a questionar o modelo e a personificação normativos. Glitter, lantejoulas, perucas e saltos altos servem como ferramentas pedagógicas, e convidam a perguntas variadas; por exemplo, por que e como a *drag* se tornou fora do comum nesse ambiente. Em outras palavras, embora a comunicação verbal seja um elemento essencial do DQSH, mesmo que a *drag* não diga nada nós afirmamos que a sua mera presença estética é geradora. Embora desequilibre simultaneamente muitas das concepções comuns de personificação de gênero e da vida em sala de aula por meio do estilo, movimento e gestos, DQSH mostra uma relação estranha com a experiência educacional. O papel tradicional da professora, transformada numa *drag queen* animada e barulhenta, torna-se deliciosamente excessivo. Ela está menos interessada em foco, disciplina, realização ou objetivos do que na autoexpressão jovial. Sua pedagogia baseia-se no prazer e na criatividade que em parte surgem quando o controle é deixado de lado.

A partir do momento em que tal modelo é aceito, através de *drag queens* ou por outros meios, a educação acaba se tornando não somente um processo de despertar pessoas para que acreditem no conceito do sistema educacional vigente, mas também de forjar um caminho "crítico" para um novo sistema que seja "libertador", segundo Freire (1985, p. 104).

> Se nós não transcendermos a ideia de educação como pura transferência de um conhecimento que meramente descreve a realidade, nós impediremos o surgimento da consciência crítica, e desse modo fortaleceremos o analfabetismo político.
>
> Se o nosso poder de escolha é de fato revolucionário, nós precisamos transcender todos os tipos de educação a fim de conquistar uma de outro tipo, uma na qual conhecer e transformar a realidade sejam pré-requisitos recíprocos.

Nessa passagem, em primeiro lugar, é possível reconhecer imediatamente a semelhança com a insistência de Karl Marx (em seus *Manuscritos econômico-filosóficos* de 1844) de que o *verdadeiro comunismo* significa não apenas abolir a propriedade privada, mas transcendê-la completamente. O que Freire oferece é pura teoria marxista da educação e do conhecimento. Nós também vemos um apelo claro à descolonização do currículo, que para Freire é incoerente e domesticado. Além disso, há um apelo explícito para que se busque uma forma inteiramente nova de educação, que possa levar ao surgimento de uma consciência crítica. Esse outro tipo de educação é a conscientização, que desse modo revela não ser educação em nenhuma das condições existentes. Mais uma vez, portanto, o processo desse novo tipo de educação é *reforma do pensamento*, uma completa remodelação do processo de pensamento compatível com o que representa a conscientização. Em termos práticos, o atualmente quase onipresente programa educacional conhecido como aprendizagem socioemocional transformadora é o principal meio para se alcançar a conscientização freiriana em nossas escolas. Embora a aprendizagem socioemocional não tenha sido sempre o modelo "transformador", que é freiriano e tem abertamente na conscientização um dos seus grandes objetivos programáticos, quase toda a aprendizagem socioemocional nos dias de hoje já é transformadora ou tenderá para esse caminho (não haverá como preservar um modelo diferente por muito tempo). A aprendizagem socioemocional transformadora é concebida para apresentar temas geradores na educação que sejam relevantes para a "inteligência social e emocional", e depois usar a educação "social e emocional" para facilitar o entendimento desses conceitos e circunstâncias nos alunos. Isso tem início com um processo de coleta de dados para descobrir quais temas funcionarão melhor com quais crianças (entre outros propósitos bastante inapropriados). Sob um novo programa de "aprendizagem socioemocional sistêmica", esses temas devem ser introduzidos com base na aprendizagem socioemocional e seus objetivos, reproduzindo, dessa maneira, os temas geradores que usurpam a educação.

A CONSCIENTIZAÇÃO SUBSTITUI O APRENDIZADO

O propósito da conscientização como uma nova forma de educação é dito explicitamente em termos marxistas: "Conhecer e transformar a realidade". Assim, o que se espera de uma abordagem freiriana da educação é que fracasse em ensinar aos estudantes qualquer coisa dentro da gama de metas da educação existente. Com efeito, a abordagem freiriana visa *transcender* esse objetivo (e o "conhecimento privado" que produz) da mesma maneira que o comunismo marxista visa transcender a propriedade privada. Ela ensinará os estudantes a serem ativistas políticos marxistas descontentes, algo que vemos ocorrer de maneira generalizada em nossas escolas hoje em dia — em Providence, Rhode Island, por exemplo, e em quase todos os lugares. Freire não deixa a menor dúvida a respeito dessa reorientação de prioridades:

> Como um evento que suscita a reflexão crítica de aprendizes e educadores, no processo de alfabetização é preciso que se perceba a relação entre *dizer a palavra* e *transformar a realidade*, e o papel do homem nessa transformação. Perceber o

significado dessa relação é indispensável para aqueles que aprendem a ler e a escrever, se realmente comprometidos com a libertação. Tal percepção levará os aprendizes a reconhecerem um direito muito maior do que o de ser alfabetizado. Ao fim e ao cabo eles reconhecerão que como homens têm o direito de ter voz (Freire, 1985, p. 51).

Nessa breve passagem, podemos observar muito do que se oculta por trás da "conscientização" freiriana como modelo educacional. Juntamente com tudo o que já foi comentado aqui, vemos ainda que o ativismo é fundamental e que ser alfabetizado — como resultado de um programa de alfabetização — é secundário, quando muito. Vemos claramente que uma educação política conscientizadora é considerada um direito fundamental que supera o "direito" de receber alfabetização ou educação. Como já mencionamos anteriormente, também vemos que, para Freire, a conscientização é um processo de desenvolvimento, não um acontecimento.

Para um aprendiz do método freiriano, não é o suficiente encontrar-se em meio a circunstâncias ruins ou opressivas para ser conscientizado quanto às "realidades" da sua vida. Ele também precisa entender que, como pessoa oprimida, pode tornar-se cada vez mais consciente em termos políticos, ganhar voz política, e assim ser um "agente de mudança" que transforma a realidade e, como ele alega em outro lugar, "faz a História que atualiza a sua vida". E mais: ainda não é o bastante perceber que ele pode se tornar consciente politicamente e também ter voz política, com potencial, portanto, para realizar a mudança; ele deve além disso compreender o seu próprio papel no processo de transformação. Ou seja, tem de se tornar *consciente de si mesmo* como sujeito criativo e agente de mudança político, o que é uma atualização em relação à ontologia básica de Marx do homem como criador consciente. Freire chega a articular essa argumentação citando Marx e depois aprofundando sua explanação a respeito do que torna o homem fundamentalmente diferente dos animais. Com efeito, ele faz isso tantas vezes e tão demoradamente que preenche muitas páginas. Por exemplo:

Diferentemente dos homens, os animais simplesmente estão no mundo, incapazes de se objetivar ou de objetivar o mundo. Eles vivem uma vida sem tempo, rigorosamente falando, encontram-se submersos na vida sem possibilidade de dela emergirem, ajustados e aderidos à realidade. Os homens, ao contrário, que podem romper essa aderência e transcender o mero estar no mundo, acrescentam à vida que eles têm a existência que eles constroem. Portanto existir é um modo de vida próprio do ser que é capaz de transformar, de produzir, de decidir, de criar e de se comunicar.

O ser que tão somente vive não é capaz de refletir sobre si mesmo e saber de si vivendo no mundo, ao passo que o sujeito existente reflete a respeito de sua vida dentro do próprio domínio da existência, e pergunta acerca do seu relacionamento com o mundo. Seu domínio da existência é o domínio do trabalho, da história, da cultura, de valores — o domínio no qual o homem experimenta a dialética entre determinismo e liberdade (Freire, 1985, p. 68).

Para Freire, o que separa os homens dos animais é que os homens podem antever o que querem criar no mundo, até mesmo com relação a si mesmos e à sua própria sociedade, e então concretizar o que imaginaram. É evidente que aqui Freire está apenas repetindo Marx, isto é, repetindo a relação sujeito-objeto criativa que, segundo Marx, origina o "ser-espécie" do homem, que é algo que se assemelha à sua verdadeira natureza. Mais que isso, porém, os homens podem, dessa maneira, entender-se a si mesmos como criadores. Como deuses, podem imaginar o que veriam no mundo e então concretizar essa visão, e, ao verem o que foi criado, podem saber que são eles próprios os seres que o criaram. Essa noção tem muita força para Marx, e é fundamental para o conceito freiriano de educação, pelo qual o homem aprende a criar a si mesmo e a sua sociedade (que, por sua vez, *o* remodela mais à frente). Em certo sentido, isso representa um aspecto crucial da conscientização, e por esse motivo Freire insiste tanto em abolir o "modelo bancário" de educação. Ele argumenta que o (assim chamado) modelo bancário faz do aluno um simples objeto do processo (pedagogia) de ensino e conhecimento do professor, e não um sujeito consciente em seu próprio processo educacional.

Porém a conscientização vai além para Freire, seguindo largamente Lukács e Marx antes dele. O homem não é somente capaz de compreender a si mesmo quanto ao seu potencial para criar, e, portanto, quanto à sua natureza como *não animal* (há quase um grito existencial no modo como Marx e Freire abordam essa questão). O homem também é capaz de entender que está criando a si mesmo *e as limitações que o impedem de se libertar.* Para Marx, a atividade dos homens na sociedade faz surgir as relações sociais que, por meio do "determinismo material", fazem dele o que ele é quando limitam o alcance da sua subjetividade, e consequentemente de sua capacidade criativa. Freire adota a mesma ideia, embora as condições sejam agora materiais e também culturais/*estruturais*, e expressa isso da seguinte maneira:

> A conscientização é viável somente porque a consciência dos homens, embora condicionada, pode reconhecer que é condicionada. Essa dimensão "crítica" da consciência considera os objetivos que os homens fixam para os seus atos transformadores dirigidos ao mundo. Os homens são capazes de ter objetivos, por isso apenas eles são capazes de dimensionar o resultado da sua ação antes mesmo de dar início à ação pensada. São seres que projetam (Freire, 1985, p. 69-70).

Nós já sabemos o que Freire pretende com essa abordagem: por meio da educação, superar a "domesticação", substituindo-a pela "humanização". Como vimos, esse propósito é em cada mínimo detalhe tão marxista quanto tudo o mais que há no pensamento de Freire. Pelo menos ele é absolutamente franco a esse respeito:

> Para os homens, como seres da práxis, transformar o mundo é humanizá-lo, mesmo que isso ainda não implique na humanização dos homens. Humanizar o mundo pode significar simplesmente impregná-lo com a presença curiosa e inventiva do homem, deixando nele a marca de suas obras. O processo de transformação do mundo, que revela essa presença do homem, pode levar à sua humanização, mas também à sua desumanização, ao seu crescimento ou à sua diminuição. Essas alternativas expõem ao homem a sua natureza problemática e o colocam diante de um impasse, forçando-o a escolher um caminho ou o outro. Muitas vezes esse mesmo processo de transformação aprisiona o homem e sua liberdade de escolher. Apesar disso, apenas aos homens é dado humanizar ou desumanizar, pois eles impregnam o mundo com sua presença reflexiva. A humanização é sua utopia, a qual eles anunciam denunciando processos desumanizadores (Freire, 1985, p. 70).

CONSCIENTIZAÇÃO

Sem querer repisar a mesma questão, mas o utopismo marxista (crítico) no coração do projeto de Freire é absolutamente inegável como *ponto principal* desse projeto. Uma educação freiriana, portanto, mostra-se pouco interessada na verdadeira educação e muito interessada em excentricidades. Em consequência disso, as escolas freirianas nas quais os seus filhos provavelmente estudam são organizadas para transformá-los em excêntricos utópicos. Em lugar de aprenderem as habilidades acadêmicas básicas ou de aspirarem à excelência acadêmica, eles são ensinados a "dizerem a palavra para proclamar o mundo" com sua "voz" como ativistas — ou seja, entrando em contato com homens adultos que se vestem e agem como mulheres provocativas, irreverentes e altamente sexualizadas (*drag queens*). Como se pode constatar, o método de Freire é sem dúvida destrutivo, e não conta com nenhum recurso sólido para construir coisa alguma.

USANDO A DENÚNCIA PARA ANUNCIAR

Esse discurso transformador deve ser concretizado por um processo mágico e utópico descrito por Freire como "anúncio e denúncia", que são, em razão da natureza utópica lunática de todo o programa, literalmente a mesma coisa (seu filho poderá aprender a denunciar a sociedade que afirma que os homens não devem se vestir e agir como mulheres altamente sexualizadas, irreverentes e provocativas e depois expor esse ato e provocação a crianças pequenas). No entender de Freire, aprender a falar sobre a teoria crítica a partir de uma posição criticamente consciente permite falar sobre a existência de um novo mundo denunciando *o mundo atual e opressor* nos termos corretos (do ponto de vista das pessoas, adotando uma "atitude gnosiológica").

Nesse sentido, a pedagogia que defendemos, concebida numa área significativa do Terceiro Mundo, é, em si, uma pedagogia utópica. Justamente por isso é esperançosa, pois ser utópico não é ser meramente idealista ou impraticável, mas, sim, envolver-se em denúncia e anúncio. Nossa pedagogia não pode abrir mão de uma visão do homem e do mundo. Ela formula uma concepção humanista científica que encontra a sua expressão em uma práxis dialógica na qual professores e alunos juntos, no ato de analisar a realidade desumanizante, denuncia-a enquanto anuncia a sua transformação em nome da libertação do homem.

109

Exatamente por esse motivo, denúncia e anúncio nessa pedagogia utópica não representam palavras vazias, mas compromisso histórico. A denúncia de uma situação desumanizante hoje exige cada vez mais compreensão científica precisa dessa situação. Paralelamente, o anúncio da sua transformação exige mais e mais uma teoria da ação transformadora. Todavia, nenhuma ação por si mesma implica a transformação da realidade denunciada nem o estabelecimento da que é anunciada. Em vez disso, como um momento num processo histórico, a realidade anunciada já está presente no ato de denúncia e anúncio (Freire, 1985, p. 57).

Expor-se nos degraus do palácio do governo — sem saber ler, escrever nem fazer cálculos — para exigir mudança no controle de armas em Providence devido a um trabalho policial equivocado no Texas é um exemplo do que Freire quer dizer com denunciar "uma situação desumanizante". É o que ele quer dizer com "ação transformadora". Praticamente todo tipo de ativismo, como o associado ao *Black Lives Matter* ou à implosão da universidade *The Evergreen State College* na Revolução Cultural Americana em andamento é um exemplo claro do que Freire disse; e perceber que nossos filhos frequentam as escolas freirianas esclarece perfeitamente por que essas circunstâncias aconteceram do modo como aconteceram. Os seus filhos serão os próximos, a menos que consigamos dar um basta nisso.

O que é um projeto utópico — ou o que não é — é outra questão crucial nas reflexões de Freire acerca da conscientização. A direita política, ele deixa bem claro repetidas vezes, *não pode* ser utópica, por definição. Além do mais, quando um movimento sabe o que está anunciando, ele está associado à direita por predefinição.

> Dessa maneira, a liderança revolucionária cai em contradições internas que comprometem o seu intento quando, vítima de uma concepção fatalista da história, tenta domesticar tendo em vista um futuro que a liderança conhece *a priori*, mas crê que o povo é incapaz de conhecer. [Aqui, Freire está evidentemente pensando em Stálin.] Nesse caso, a liderança revolucionária abandona a utopia e termina por se identificar com a direita. A direita não faz denúncia nem proclamação, exceto, como já afirmamos, para denunciar quem a denuncia e proclamar seus próprios mitos.

Por outro lado, um verdadeiro projeto revolucionário, ao qual a dimensão utópica é natural, é um processo no qual o povo assume o papel de sujeito na aventura precária de transformar e recriar o mundo (Freire, 1985, p. 82).

Para Freire, então, um projeto utópico significa usar a teoria crítica para denunciar cada um dos aspectos "problemáticos" do mundo existente, os quais intrinsecamente anunciam novas possibilidades que podem ser diferentes, ainda que ninguém possa dizer o que são nem como funcionariam, já que nesse caso deixariam de ser utópicas para se tornarem "escleróticas" e "burocráticas" e obrigatoriamente passarem a ser da direita antiutópica. Em lugar disso, eles têm de assumir o papel de um sujeito consciente "na precária aventura de transformar e recriar o mundo" pelo recurso mágico de "anunciar", *denunciando* em termos marxistas o que quer que seja que encontrem e não gostem. Em termos práticos, isso significa que uma educação freiriana ensinará os "aprendizes" a se queixarem em conformidade com os métodos do marxismo crítico *e quase nada mais*, a não ser ocasionalmente, de modo acidental. Assim sendo, vale a pena mencionar a famosa admissão de Marx de que seu método envolve "crítica implacável a tudo o que existe", que ele parece ter retirado de um verso do seu poeta predileto. Em seu *Fausto*, Goethe coloca na boca maligna de Mefistófeles a ideia de que toda verdade é relativa porque "tudo o que existe merece perecer".[16] Infelizmente, muitos pais e professores identificarão exatamente esses resultados no sistema de educação que temos hoje em dia, no qual os seus filhos frequentam as escolas freirianas.

A REVOLUÇÃO PERPÉTUA

Como foi explicado no capítulo anterior, a solução que Freire oferece para essa leitura deplorável da vida é literalmente exibir os exemplos de Che Guevara e da Revolução Cultural Chinesa — durante a qual houve lavagem cerebral — como histórias evidentes de sucesso que evitam a arapuca antiutópica da direita de se ter alguma ideia de onde se quer chegar. Alguma ideia que não seja a reclamação vazia perpétua, o caos e a revolução, liderados pelos "conscientes" que foram "conscientizados" para acreditarem que esse é o aspecto mais importante não somente da sua educação e da sua vida, mas da sua própria condição de ser humano. Mais uma vez, é preciso entender que Freire defende isso *literalmente*:

Algumas vezes a perpetuação da ideologia burguesa se expressa num estranho tipo de idealismo de acordo com o qual um "novo mundo" será automaticamente criado quando a transformação da sociedade burguesa for alcançada.

Na verdade, porém, não é dessa maneira que surge esse mundo novo. Ele advém do processo revolucionário, que é permanente e não arrefece com a chegada da revolução ao poder. A criação desse mundo novo, que jamais deve ser "sacralizado", exige a participação consciente de todo o povo, a superação da dicotomia trabalho manual/trabalho intelectual, e uma forma de educação que não reproduza a forma burguesa.

Um dos grandes méritos da Revolução Cultural Chinesa é o de recusar as concepções estáticas, antidialéticas ou ultraconservadoras da história. Disso vem a contínua mobilização do povo no sentido de criar e recriar conscientemente a sociedade. Na China, ser consciente não é um slogan ou uma ideia pronta. Ser consciente é uma maneira radical de ser, uma maneira característica da humanidade (Freire, 1985, p. 106).

Como se não bastasse ensinar as crianças a destruir a cultura histórica chinesa e a envergonhar e matar seus pais, o método de educação e reeducação estabelecido por Mao Zedong para alcançar tamanho "sucesso" foi exatamente o processo de reforma do pensamento (lavagem cerebral) que ele usou para redirecionar as pessoas para "o ponto de vista do povo". Freire deu a esse processo nova orientação, transferiu-o para as escolas e chamou-o de *pedagogia do oprimido*. Por quê? E o que isso envolve? Envolve precisamente o que eu chamei de necessidade de *consciência utópica* como estágio avançado no processo de conscientização.

Porque os homens são seres históricos (isto é, marxistas, uma vez conscientes desse fato), incompletos e conscientes de que são incompletos; a revolução é uma dimensão humana tão natural e permanente quanto a educação. Somente uma mentalidade mecanicista sustenta que a educação pode cessar em um determinado ponto, ou que a revolução pode ser detida quando conquista o poder. Para ser autêntica, a revolução tem de ser um evento permanente. Caso contrário deixará de ser revolução para se tornar burocracia esclerótica (Freire, 1985, p. 89).

Como resultado da "necessidade" de que a revolução seja (ou se torne) *permanente*, o processo de conscientização deve também ser permanente. Na realidade, ainda que a revolução tivesse sucesso, isso, para Freire, não passaria de uma indicação de que *mais* conscientização seria necessária para que a revolução pudesse prosseguir e de fato se tornar *permanente*. À medida que o novo mundo anunciado é trazido à vida (apenas por se denunciar o antigo à maneira da teoria crítica), ele já começa a se tornar o novo velho mundo que deve ser denunciado para que outro ainda mais novo possa ser anunciado (porque a denúncia surgiu de um ponto criticamente consciente). Isso significa que a consciência crítica deve se *aprofundar sempre*. Você precisa "fazer o trabalho" eternamente, como num compromisso perpétuo com um processo contínuo, por assim dizer. Na verdade, Robin DiAngelo diz exatamente isso, e agora nós entendemos por quê. Freire não mede palavras a respeito disso.

> Diante de um nível de consciência semitransitivo ou transitivo-ingênuo em meio às pessoas, a conscientização visa alcançar a consciência crítica, ou "o máximo de consciência potencial". Esse objetivo não chega ao fim quando o anúncio se concretiza. Pelo contrário: quando o anúncio se torna realidade concreta, a necessidade de uma consciência crítica entre as pessoas aumenta ainda mais, horizontal e verticalmente. Desse modo, a ação cultural pela liberdade, que caracterizou o movimento que se esforçou pela concretização do que foi anunciado, deve se transformar em revolução cultural permanente (Freire, 1985, p. 86).

Na prática, isso não é apenas uma justificativa para criar algum tipo de culto a Freire ou a DiAngelo. É por isso também que, independentemente do sucesso que a sempre queixosa esquerda dialética conquiste, de imediato ela tem de se queixar mais, não somente sobre outras coisas, mas também sobre a mesmíssima coisa que acabou de obter. Por exemplo: a teoria *queer* (marxismo *queer*) é freiriana nesse exato sentido. Desafia frontalmente a "heteronormatividade", mas à medida que avança contra esse insistente bicho-papão, ela a identifica como uma nova problemática que tem de ser problematizada e denunciada. O que é homonormatividade? É tudo aquilo que pode fazer a homossexualidade parecer mais normal e aceitável: igualdade no casamento, relacionamentos homossexuais estáveis e monogâmicos, aceitação gay e condições para que os gays possam levar suas vidas sem que uma identidade política *queer* seja a coisa mais importante e digna de atenção da vida deles. E por quê? Porque, como afirmou o teórico *queer* David Halperin, ao tentar definir a teoria *queer*: *queer* é o que resiste a todas as normas e definições. E assim, eles dizem, a dialética segue adiante — mergulhando numa conscientização sem fim.

CAMBALEANDO RUMO À DISTOPIA

Em uma educação freiriana, concluímos então, os alunos aprendem que nada é bom o bastante. Não importa quanto ativismo eles tenham realizado, nem seja lá o que for que tenham conseguido de bom ou de ruim com esse ativismo, sempre há outros problemas a serem descobertos e denunciados e nada pode ser deixado como está. A conscientização freiriana é, portanto, o processo de reclamar incansavelmente das coisas na tentativa de mudá-las *de algum modo* — diga-se de passagem, sem saber em que elas deveriam se transformar. Em nenhuma hipótese isso pode ser considerado um método de *educação*. Na verdade, talvez mal se qualifique como *reforma do pensamento*. É muito mais exato definir isso como forma de destruição psicológica generalizada. Ainda assim, graças à orientação da seita de Paulo Freire, esse é exatamente o tipo de destruição psicológica que leva suas vítimas a sentirem satisfação e orgulho por tomarem parte nele.

A conscientização sempre envolve um esclarecimento constante do que fica oculto dentro de nós enquanto nos movemos no mundo, ainda que não estejamos necessariamente considerando-o objeto da nossa reflexão crítica.

Eu sei bem que a conscientização, embutida nessa reflexão crítica acerca do mundo real como algo pronto e a revelação de mais uma realidade, não pode ignorar a ação transformadora que produz essa revelação e realização concreta. Também sei bem que para tão somente substituir uma percepção ingênua da realidade por uma que seja crítica, o oprimido precisa apenas se libertar. Para alcançar isso, eles têm de se organizar e transformar o mundo de forma revolucionária. Esse senso de organização exige ação consciente, tornando claro o que não está claro na visão profunda da consciência. É precisamente essa criação de uma nova realidade, representada na crítica revolucionária do antigo, que não pode esvaziar o processo de conscientização, um processo tão permanente quanto qualquer revolução real.

Como seres em transformação, as pessoas podem "aderir" à nova realidade que surge a partir da sua ação, mas estarão submersas em uma nova visão "incerta".

A conscientização acontece como um processo num determinado momento, e deve continuar sempre, onde quer que a realidade transformada assuma um novo rosto (Freire, 1985, p. 107).

Como podemos ver, para Freire colocar a conscientização na frente é *absolutamente necessário*. Por que é tão importante? Porque, para ele, a História não se fará novamente seguindo Marx. Se dependerem dos seus próprios recursos, a História e os homens que a fazem apenas reproduzirão formas existentes. Esse é o suposto "problema da reprodução" que a pedagogia freiriana se encarregou de solucionar. Freire (1985, p. 58) afirma: "Não há esperança genuína naqueles que pretendem fazer o futuro repetir o seu presente, ou naqueles que veem o futuro como algo predeterminado".

Por isso é que o caráter utópico da nossa teoria e prática educacional é tão permanente quanto a educação, que para nós é ação cultural. Seu movimento entre a denúncia e o anúncio não se esgota quando a realidade denunciada hoje cede o seu lugar amanhã à realidade anteriormente anunciada na denúncia. Quando a educação deixa de ser utópica, isto é, quando deixa de personificar a unidade dramática da denúncia e do anúncio, isso se dá ou porque o futuro não tem mais significado para os homens ou porque os homens temem o risco de viverem o futuro como superação criadora do presente que se torna velho.

A explicação mais verossímil é geralmente a última. É por isso que algumas pessoas hoje estudam todas as possibilidades que o futuro contém, para "domesticá-lo" e mantê-lo alinhado com o presente, que é o que eles pretendem preservar (Freire, 1985, p. 58).

Segundo Freire, uma educação padrão é apropriada para que se produza exatamente este resultado: a repetição do presente opressor. Portanto a História, e por conseguinte a educação, deve ser construída com consciência pelos conscientes (pelos marxistas *woke* conscientes, que fique bem entendido).

A PEDAGOGIA DO MARXISMO

Consequentemente, na educação freiriana, o "educador", como facilitador, orienta o "aprendiz" no processo de conscientização para que se torne um "agente de mudança" e que se considere um construtor de História, incluída aí a sua própria libertação marxista. Freire explica que isso ocorre mediante a conscientização que, mais uma vez repercutindo Marx, possibilita à própria humanidade "erguer-se de sua imersão" e tornar-se agente de mudanças, como deuses.

> Essa reflexão sobre a situacionalidade é um pensar a própria condição de existir. É pensamento crítico por meio do qual os homens se descobrem "na situação". Só na medida em que esta deixa de lhes parecer uma realidade espessa que os envolve, algo mais ou menos nublado em que e sob o qual se acham, um beco sem saída que os angustia e a captam como a situação objetivo-problemática em que estão, é que existe o engajamento. *Erguem-se* da *imersão* em que se achavam, capacitando-se para se *inserirem* na realidade que vai se desvelando. Dessa maneira, *inserir-se* é um estado maior que erguer-se e resulta da conscientização da situação. É a própria consciência histórica. Daí que seja a *conscientização* o aprofundamento da tomada de consciência, característica, por sua vez, de todo ato de erguer-se (Freire, 1968, p. 109).

É nesse sentido — com ênfase redobrada sobre a parte a respeito de homens serem deuses, embora em um sentido bem mais significativo até mesmo que o que foi expresso por Marx — que Freire afirma que os educadores devem "viver o significado profundo da Páscoa" (Freire, 1985, p. 105).

Essa é uma expressão dotada de profundo significado religioso, na teologia do marxismo centrada no homem, de uma mescla dialética concebida para dar origem ao conhecido "modelo dialógico" de Freire, que é basicamente um processo de coleta de dados e formação de seita. Em *Pedagogia do oprimido*, Freire explica isso como uma necessidade da "educação para a problematização", precursora da sua abordagem de conceitos "geradores" e também da abordagem mais contemporânea da "aprendizagem baseada em projetos", que não encontra problemas para fazer sucesso com estudantes de toda a América do Norte. Acrescentando um pouco mais de clareza, eis como ele fez isso nesse trabalho inicial.

> Na verdade, não seria possível à educação problematizadora, que rompe com os esquemas verticais característicos da educação bancária, realizar-se como

prática da liberdade, sem superar a contradição entre o educador e os educandos. Como também não lhe seria possível fazê-lo fora do diálogo. É através deste que se opera a superação de que resulta um termo novo: não mais educador do educando do educador, mas educador-educando com educando-educador. Dessa maneira, o educador já não é o que apenas educa, mas o que, enquanto educa, é educado, em diálogo com o educando que, ao ser educado, também educa. Ambos, assim, se tornam sujeitos do processo em que crescem juntos e em que os "argumentos de autoridade" já não valem. Em que, para ser-se, funcionalmente, autoridade, se necessita de estar sendo com as liberdades e não contra elas. Já agora ninguém educa ninguém, como tampouco ninguém se educa a si mesmo: os homens se educam em comunhão, mediatizados pelo mundo. Mediatizados pelos objetos cognoscíveis que, na prática "bancária", são possuídos pelo educador (Freire, 1985, p. 109).

Para Freire, libertar-se da sociedade é um processo de morte para ela e todos os seus costumes, e de renascimento como facilitador nessa nova estrutura de sala de aula, que por princípio nega todo tipo de autoridade para ensinar ou, na prática, disciplinar os alunos, no que se tornou conhecido como salas de aula "democráticas". O educador deve morrer e renascer como um facilitador de culto, e o estudante deve morrer e renascer como um ativista consciente e empoderado. Depois de estabelecida essa relação, o processo de educação pode se concentrar no objetivo marxista crítico de conscientização. Como Freire prega, isso significa levar os seus filhos, quer saibam ler e escrever quer não, a terem a perspectiva necessária sobre suas condições "atuais" para desejarem a revolução cultural perpétua e se engajarem nela. Em virtude da abordagem "geradora" que Freire oferece, porém, ele pode preparar esse projeto absolutamente abominável como uma alternativa ao aprendizado de tudo aquilo com que ele pouco ou nada se preocupa: ler, escrever e os outros fundamentos do êxito educacional.

Antes de prosseguirmos com os detalhes de *como* Freire recomenda que esse processo funcione, permita que eu lhe faça uma pergunta fundamental: se você soubesse que estava enviando seus filhos a um campo de prisioneiros para reforma de pensamento comunista chinês de estilo maoista, identitário, por trinta e cinco horas por semana todas as semanas — e que você tivesse de pagar —, o que você mudaria no que está fazendo agora?

TEMAS GERADORES E A USURPAÇÃO DA EDUCAÇÃO

Agora investigaremos *como* funciona a abordagem freiriana, deixando de lado o que ela é e quais são seus objetivos. Como já vimos em capítulos anteriores, o método educacional freiriano provém basicamente do que Freire chamou de abordagem de "temas geradores". Um *tema gerador* é algo que um educador freiriano identifica como relevante para o "contexto real" da vida dos estudantes. Em outras palavras, são temas retirados das experiências vividas pelos estudantes ou estrategicamente apresentados a eles (crianças principalmente) e que têm perceptível e manipulável importância social, emocional e política em suas vidas. Tais temas são propostos como mais envolventes no processo de aprendizagem do que outros temas ou contextos, razão pela qual são usados como pretexto para começar com uma "educação" política como uma maneira de inspirar interesse pela educação real. É por trás dessa reivindicação plausível de maior interesse, relevância e envolvimento no aprendizado que o método de Freire encontra no mais das vezes o seu caminho nos espaços educacionais. Uma vez que a abordagem dos "temas geradores" é compreendida e se torna identificável, no entanto, a grande usurpação marxista da educação sob liderança freiriana salta imediatamente aos olhos.

"Temas geradores" são conceitos que marxistas podem empregar para despertar reações emocionais intensas em seus estudantes a fim de adaptá-los à consciência marxista por meio de um processo de reforma do pensamento. Cuidado! Na verdade, são temas *desencadeadores,* porque são "geradores" no sentido de que geram reações emocionais que os facilitadores podem usar para radicalizar (perdão, para "conscientizar"). O verdadeiro objetivo do método freiriano é a "alfabetização política", que significa conscientização. Isso é obtido com o uso de temas geradores para colocar em funcionamento discussões políticas,

TEMAS GERADORES E A USURPAÇÃO DA EDUCAÇÃO

supostamente como "mediadoras" para o aprendizado acadêmico, e elas devem ser facilitadas por reformadores marxistas do pensamento usando "lentes" como igualdade, inclusão e sustentabilidade.

No contexto atual, esse processo é conduzido por uma via de manipulação emocional denominada "aprendizado socioemocional" (ASE), por meio da qual os educadores — uma combinação de professor, assistente social sem licença, psicólogo não qualificado e "facilitador" — ensinam aos seus alunos como lidarem com realidades sociais e com as respostas emocionais provocadas por elas, depois de descobrirem temas geradores e serem cuidadosamente introduzidos a eles. Esses temas são descobertos em um cenário ASE por meio de pesquisas (isto é, coleta de dados) com alunos, introdução de material provocativo e avaliação das reações dos estudantes, e por meio do diálogo a respeito de assuntos sensíveis sob a justificativa de compreender os contextos subjacentes que podem ocasionar impedimentos ao aprendizado dos alunos, sobretudo no tocante a questões sociais e emocionais (incluindo políticas identitárias de esquerda).

IDENTIFICANDO TEMAS GERADORES

Formalmente, a educação freiriana atua por completo através da apresentação de temas geradores; isso significa que os educadores precisam, em primeiro lugar, descobrir esses temas. De acordo com Freire, eles sempre são contextuais e se encontram nos "contextos reais" das vidas dos aprendizes, por isso todas as vezes, é necessário extraí-los dos alunos de um modo ou de outro. Assim sendo, o método começa obrigatoriamente com uma fase de "diálogo" ou outros métodos de coleta de dados dos alunos a respeito das circunstâncias das suas vidas. O que conta são aqueles temas em suas vidas que despertam os tipos de respostas emocionais de insatisfação e ressentimento que são úteis para a conscientização marxista. Em resumo, com esse método, busca-se suscitar sentimentos de injustiça, sofrimento e miséria, ou esperança em circunstâncias utópicas. Lembre-se, por exemplo, da lista dos dezesseis temas geradores no desastroso experimento de pedagogia freiriana na Nigéria: "Recursos, dinheiro, abundância, petróleo bruto, roubo, bolso, pedinte, abundância, pobreza, sofrimento, frustração, choro, fome, crise, agonia, morte". Essas foram as palavras escolhidas como ponto de partida para o seu programa de alfabetização de adultos, porque são geradoras do contexto político de suas vidas. As palavras apresentadas aos alunos norte-americanos não são muito diferentes. Deixando de lado temas expressamente sexuais (como o da *Drag Queen Story Hour*), questões raciais e tópicos claramente políticos (tais como afiliação política dos pais ou níveis de renda), em geral, as perguntas feitas às *crianças* nas pesquisas são sobre suicídio, depressão, ansiedade, solidão, fome e morte, particularmente e repetidas vezes.

Freire defende o diálogo para esse processo de recolhimento de informações, como discutiremos mais adiante, mas isso em parte é um produto do seu tempo. Como mencionamos há pouco, outros meios podem ser pesquisas — que servem a outros mestres e propósitos além da descoberta freiriana — ou simplesmente a exposição das crianças a algo provocativo, algo a que elas não seriam obrigatoriamente expostas, como tópicos políticos, conteúdo sexual ou, muito especificamente, *drag queens*. Convém lembrar que o programa *Drag Queen Story Hour* se apresenta claramente como um método *gerador* que induz o diálogo por meio do qual o processo freiriano (aqui, no que se refere a normas, sexo, gênero, sexualidade e assim por diante) prossegue rumo à conscientização *queer*.

Agora mesmo, e cada vez mais num futuro próximo, tecnologias tais como dispositivos vestíveis (monitores de frequência cardíaca, por exemplo), dispositivos para rastreamento ocular, inteligência artificial (incluindo até "amigos digitais") e muitas outras são usadas para gerar esses "psicodados" sobre nossos filhos a fim de moldar a sua educação, mas também seu comportamento econômico, permitindo mais controle sociopolítico sobre eles. A abordagem de "temas geradores" é oferecida como justificativa para essa invasão inaceitável das mentes e emoções de nossos filhos — para objetivos que estão longe de serem educacionais.

Situações semelhantes ocorridas nas prisões de reforma do pensamento chinês maoista documentadas por Robert Jay Lifton seriam as sessões de interrogatório com juízes e outras autoridades estatais. Nelas, eram sugeridas várias maneiras pelas quais os (falsamente) acusados poderiam realmente ter se envolvido em atividades criminosas, para depois serem forjadas confissões (falsas) em que eram conscientizados para "reconhecerem seus crimes" a partir da "perspectiva das pessoas" nas atividades diárias em que haviam se envolvido na China antes de serem presos. Em muitas dessas sessões de interrogatório, o objetivo era ser gerador no tocante a encontrar evidências circunstanciais ou pontos fracos psicologicamente que pudessem ser explorados para facilitar a reforma do pensamento e os processos de confissão relacionados.

SEQUESTRANDO O CURRÍCULO

Currículos também podem ser geradores. Em outras palavras, os temas geradores podem ser adivinhados de antemão e oferecidos como provocações, com o processo de coleta de dados seguindo rumos definidos pelas reações dos alunos. É assim que devemos ver o currículo gerador numa abordagem freiriana: como provocações intencionais que objetivam encontrar linhas de conscientização que possam ser perseguidas nos alunos.

Em alguns casos, sobretudo no que diz respeito a sexualidade e gênero — ou a *drag queens* —, os livros oferecidos às crianças nas escolas de hoje em dia são obviamente inapropriados para qualquer observador sensato. Tratam-se de evidentes provocações destinadas a evocar determinadas linhas de programação. Como exemplo, vamos considerar o livro *Gender Queer*, que pode ser encontrado em incontáveis bibliotecas escolares nos Estados Unidos. Esse livro exibe temas adultos e desenhos pornográficos enquanto transmite a ideia de jovens lidando com uma sexualidade confusa e maleável, e, ao mesmo tempo, com as perturbações da puberdade. O potencial gerador desse livro no cenário da teoria *queer* é tão óbvio quanto levar uma *drag queen* "geradora" para a sala de aula ou para a biblioteca e deixar que leia histórias provocativas para crianças.

No entanto, frequentemente o caso é mais ambíguo quando se trata de materiais destinados a serem geradores e de como eles representam um problema potencial, sobretudo com relação a questões de raça e teoria crítica da raça. Apresentar um livro a respeito de uma figura como Ruby Bridges, de eventos como o Massacre de Tulsa ou um evento como o Renascimento do Harlem, ou aplicar estatísticas de pobreza separadas por raça não sugerem de imediato que algo "racial marxista" esteja acontecendo, embora pais, professores e outras partes interessadas reconheçam muitas vezes que *alguma coisa* parece estar errada em sua apresentação. A intuição deles está no caminho certo. Os materiais estão sendo empregados com *finalidade geradora*. O objetivo deles não é o alegado, mas sim facilitar determinados tipos de diálogos de conscientização. Como disse Freire, os próprios materiais tornam-se objetos que *medeiam* o saber entre o educador e o aprendiz. Outro exemplo comum é um poema sobre o cão de um menino que é atropelado por um carro, texto que traz uma descrição explícita e detalhada da morte do cão, que se torna um tema gerador para as crianças.

Em muitos casos, principalmente com a bênção da aprendizagem socioemocional, esses tipos de temas geradores não são utilizados apenas politicamente, mas também para suscitar discussões emocionais sobre os temas. Isso é compatível com a observação enfática de Robert Jay Lifton de que a penetração dos materiais de lavagem cerebral nas vidas emocionais dos prisioneiros é o fato crucial da reforma do pensamento. Perguntarão aos alunos como deve ter sido Ruby Bridges, ou uma pessoa parecida com Ruby Bridges, ou uma pessoa parecida com os racistas que possuíam ou vendiam escravos, ou alguém que discriminava minorias raciais ou sexuais. Uma perspectiva isolada a respeito disso pode ser tentar fazer os alunos explicarem como seria, por exemplo, ser um negro pobre que acredita que a razão de sua pobreza é o racismo sistêmico ou o racismo estrutural. Isso força as crianças a acreditarem que o racismo sistêmico é real, não uma interpretação particular (e proposital) do mundo, por meio de suas emoções, as quais negam com facilidade a lógica e as evidências.

Claramente, o sequestro dos tópicos acadêmicos atuais é outra característica marcante da pedagogia freiriana. Falando de modo mais específico, é a circunstância em que a educação deixa de ser "alfabetização" e passa a ser "alfabetização política", e então são introduzidos elementos de "elevação da consciência" (conscientização) disfarçados de outras disciplinas. Desse modo, uma aula de matemática elaborada em torno de estatísticas de pobreza e de raça corre enorme risco de ser sequestrada numa discussão sociopolítica que provavelmente será facilitada em termos marxistas *woke* — e a essa altura já não será mais uma aula de matemática. Toda a abordagem de Freire para a educação de "alfabetização" não vai muito além disso, como mostram seus próprios escritos e evidências de como essa educação gera "fanatismo destrutivo". Devido a isso, pode ser extremamente difícil identificar com clareza a reforma do pensamento freiriana a fim de retirá-la das escolas e de seus currículos. Muitas vezes, o problema está no processo pedagógico induzido pelos materiais, não nos próprios materiais.

TEMAS GERADORES E A USURPAÇÃO DA EDUCAÇÃO

Em um exemplo particularmente condenável dessa forma de abuso, considere o seguinte trecho de um artigo da área da educação que descreve o uso da *Drag Queen Story Hour* como uma prática pedagógica geradora.

É inegável que o *Drag Queen Story Hour* (DQSH) participa de muitas dessas alegorias de empatia, desde a linguagem de propaganda que o programa usa até a sua seleção de livros. Muito disso é feito de maneira estratégica para justificar o seu valor educacional. Contudo, somos de opinião que a drag apoia as críticas dos estudiosos à empatia em vez de coisificar o conceito: os performers drag não buscam necessariamente a identificação com o "outro", mas sim experimentar maneiras de incorporar e expressar diferentes aspectos de si mesmos. Em vez de se colocar no lugar de outra pessoa — numa tentativa de entender o significado de ser de um gênero diferente, por exemplo — a drag oferece um modelo para que os participantes experimentem fantasias e cosméticos a fim de compreenderem como esses elementos fortalecem ou modificam a sua própria noção de identidade. Na sala de aula, essa indumentária *queer* pode proporcionar mais oportunidades para que os jovens percebam como e por que mudanças aparentemente arbitrárias de vestimenta e de comportamento influenciam o modo como eles sentem o mundo e são interpretados por ele. Em outras palavras, drag é um processo imaginativo e criativo. É baseado na construção do caráter, no sentido de construir uma persona e também no sentido de compreender melhor as próprias relações com outras pessoas. Essa abordagem pode ajudar os estudantes a encontrar os elementos únicos ou *queer* de si mesmos — em vez de tentarem entender como é ser um indivíduo LGBT.

Repare que a introdução da figura drag como um tema gerador para "viver de maneira *queer*" é deliberadamente vendida como uma tentativa de aumentar a empatia por indivíduos LGBT e por causas LGBT quando, na verdade, destina-se a algo totalmente diferente: o projeto gerador de estimular as crianças a explorar seus próprios aspectos (políticos) *queer* ou o que esses aspectos representam em suas vidas. É raro encontrar confissões tão absolutamente flagrantes como essa, que esclarece que a justificativa apresentada para a inclusão no currículo é pouco mais que uma estratégia de marketing, enquanto a verdadeira intenção é o programa gerador (freiriano). Podemos, contudo, ter certeza de que isso vem acontecendo com um grande número de escolhas curriculares em quase todos os domínios politicamente importantes em todas as disciplinas e em muitas escolas.

Para Freire, ensinar "sílabas desconexas" e frases "sem sentido" — como figuram em um programa de alfabetização baseado na fonética (ou programa equivalente) ou talvez em uma aula de algoritmos matemáticos a respeito de como fazer cálculos de divisão — é deixar escapar a principal oportunidade de educação. Essa oportunidade evidentemente é fazer uso abusivo das escolas para despertar uma consciência (marxista) e uma alfabetização política, isto é, a conscientização. Em uma tentativa inepta (ou dissimulada) de matar dois coelhos com uma cajadada só, Freire recomenda repetidas vezes ao longo de suas obras mais importantes que a alfabetização, especificamente, avance empregando o que ele chama de "palavras gerativas" e "temas geradores" na educação em geral.

> A primeira condição prática que uma visão crítica da alfabetização impõe é o das palavras geradoras. Com essas palavras os aprendizes analfabetos alcançam a sua primeira alfabetização como sujeitos do processo, aumentando o seu "universo vocabular limitado" original. Essas palavras trazem em si uma temática pertinente à vida dos aprendizes (Freire, 1985, p. 12).

Na prática, a abordagem dos temas geradores foi uma maneira pela qual os "pedagogos críticos" marxistas freirianos conseguiram usurpar a educação bem debaixo dos nossos narizes. Como o saco de areia que Indiana Jones usa para tentar roubar o ídolo de ouro no início de *Os Caçadores da Arca Perdida*, os temas geradores são a ferramenta que possibilita o roubo da educação. Também abrem espaço para a maioria das falsas justificativas desses pedagogos para a inclusão de currículo impróprio, como o *Drag Queen Story Hour*, e servem de pretexto para grande parte da torrente de mentiras disseminadas alegando que assuntos como a teoria crítica da raça não estão sendo ensinados nas escolas. Os temas geradores cuidam para que a educação se assemelhe à educação na superfície, enquanto às escondidas ela vai sendo substituída por um programa de conscientização marxista, sujeitando os nossos filhos a uma reforma do pensamento, enquanto os pedagogos "espertos" por trás da fraude riem dos pais que não sabem que estão sendo logrados e abusados. Enquanto debatemos com eles a respeito dos flashes de luz brilhante na superfície ondulante do lago, eles programam nossos filhos nas profundezas sombrias. Compreender os temas geradores nos possibilita ver além das mentiras na superfície e expor a usurpação da educação de nossas crianças e de nossas sociedades.

DESCOLONIZANDO O CURRÍCULO

Antes de seguir adiante, vamos tomar um desvio importante. Não nos esqueçamos de que, do ponto de vista de Freire, a "educação formal" ou "alfabetização" resulta do processo de colonização remodelado nos termos marxistas sobre a propriedade burguesa. O modelo pedagógico freiriano, portanto, permite-nos dar sentido perfeito e imediato à exigência absurda de "descolonizar o currículo", presente em praticamente toda a educação nos dias de hoje.

Descolonizar o currículo significa substituir artigos de "educação formal" ou "alfabetização" (propriedade intelectual burguesa) por coisas que conscientizem no sentido freiriano (*woke*). O currículo de literatura inglesa deve ser "descolonizado" com a remoção de Shakespeare, porque os objetos culturais existentes que representam a educação devem ser removidos e substituídos por algo que possa ter serventia para ampliar a consciência crítica. Isso deve ser feito mediante a apresentação de conteúdos "culturalmente relevantes" (isto é, conteúdos "geradores"). Esses conteúdos são materiais "descolonizados". A matemática, portanto, tem de ser substituída por "etnomatemática" (e até mesmo pelo inacreditavelmente absurdo "matematx") para a mesma finalidade de "descolonização". A alfabetização passa a ser geradora por meio de *drag queens* e de escolhas curriculares particulares. O Projeto 1619 precisa informar a "História honesta" que nos força a pensar a fundação dos Estados Unidos em termos geradores da raça crítica. E poderíamos continuar dessa maneira falando sem parar sobre todas as matérias.

Freire não deixa espaço para dúvida a respeito desse processo de descolonização, que, segundo ele, é *necessário* a fim de que se possa pensar em novos termos:

É por isso que eu admiro o presidente de Cabo Verde, Artistides Pereira. Ele fez um discurso em Praia no qual deu uma extraordinária declaração, que tem muito a ver com o que conversamos agora: "Nós conquistamos a nossa libertação e expulsamos os colonizadores. Agora precisamos descolonizar as nossas mentes". É isso exatamente. Nós precisamos descolonizar a mente, porque se não fizermos isso o nosso pensamento estará em conflito com o novo contexto que está surgindo da luta pela liberdade (Freire, 1985, p. 187).

Marxistas como Freire — embora no parágrafo anterior ele se expresse mais como um pós-colonialista, e ele era as duas coisas — acreditam que o sistema "coloniza" com "valores burgueses" todos os que são oprimidos por ele. A ideologia que porta e mantém esses valores é criada, mantida e divulgada como uma forma literal de propaganda pelos que detêm o poder cultural, por isso a cultura dominante automaticamente "coloniza" aqueles que oprime. A heterossexualidade, por exemplo, coloniza a mente de crianças que não têm consciência das possibilidades (e da "necessidade") de levar uma vida ao estilo *queer*, por exemplo. "Determinar o sexo no nascimento" não costuma ser considerado o mesmo que colonizar bebês usando uma visão "cisnormativa" de sexo e gênero. Porém essa visão baseada na imposição social é o marxismo. Marx acreditava que a elite burguesa privilegiada produz ideologia para fazer propaganda de si mesma e daqueles que ela oprime para que esses oprimidos aceitem a situação atual da sociedade; na linguagem do pós-colonialismo, isso significa que os valores burgueses expressos e defendidos ideologicamente *colonizam* as pessoas socializadas por eles, principalmente as que ficam à parte, alheias a eles (e que são, portanto, indesejáveis).

Agora é possível entender por que o que foi criado por Freire é uma *teoria marxista do conhecimento* (ou *do saber*), que nós costumamos reconhecer pela gíria "*woke*" (ser "despertado"). Uma teoria marxista do conhecimento sustenta que determinadas pessoas reservaram para si o privilégio de serem conhecedoras de maneira a excluir e marginalizar outros potenciais conhecedores e suas "formas de conhecimento" e "conhecimentos" do núcleo tradicional da sociedade, a fim de preservarem sua própria vantagem. É a partir dessa condição de conhecedor atestado que os "termos da sociedade vigente" são elaborados — exatamente os termos que o marxismo crítico existe para confrontar e, se for possível, desmantelar. Os indivíduos excluídos do sistema de conhecimento precisam ser conscientizados de tal fato, processo etc. seguindo etapas de conscientização, e devem então se apossar dos meios de produção do conhecimento e do *status* de saber. Descolonizar o currículo e "descentralizar" os tipos errados de ideias, aplicar abordagens geradoras e "centralizar" os denominados "conhecimentos marginalizados" e "formas de saber" passou a ser uma via crucial para a revolução.

Em outras palavras, "descolonizar" o currículo — uma moda aparentemente misteriosa no âmbito educacional que causou um inacreditável estrago em alguns anos apenas — significa substituir o currículo existente, sobretudo quando ele fortalece a cultura (ocidental) disponível, com materiais potencialmente geradores que desafiam a cultura vigente e seus termos. Não se trata somente de uma tentativa de destruição cultural (o que os marxistas culturais chamavam de *"aufheben der Kultur"*, abolir a cultura); é também uma maneira de introduzir a maior quantidade possível de material gerador freiriano com o objetivo de redirecionar o currículo para o engajamento na reforma do pensamento cultural.

UTILIZANDO TEMAS GERADORES

Para Freire, uma "palavra geradora" é uma palavra de três sílabas (por motivos ligados à estrutura da língua portuguesa) que também tem alguma relevância política para o aluno. Como exemplo, Freire sugere que as palavras "favela" e "luta" sejam usadas explicitamente como palavras geradoras para se começar a alfabetizar os camponeses. No linguajar moderno, podemos chamar essas palavras de "culturalmente relevantes". Correndo o risco de parecer repetitivo, devo mencionar mais uma vez a descrição do estágio de "temas geradores" da educação freiriana colocada em prática no contexto experimental nigeriano. Atente sobretudo aos tipos de palavras consideradas "geradoras" (e lembre-se de que o objetivo da escolha dessas palavras em vez de outras, digamos, mais simples e monossilábicas é ensinar nigerianos analfabetos a ler) e observe o que resulta quando elas são aplicadas de forma geradora.

Etapa dois: a seleção de palavras do vocabulário descoberto

A partir dos debates dos estudantes, as Palavras Geradoras escritas pela equipe de facilitadores eram: recursos, dinheiro, abundância, petróleo bruto, roubo, bolso, pedinte, abundância, pobreza, sofrimento, frustração, choro, fome, crise, agonia, morte.

Essas palavras foram mais tarde representadas na forma de imagens que mostravam as realidades e situações concretas das vidas das pessoas. A exibição de imagens provocou um estado emocional de piedade e raiva entre os debatedores, alguns dos quais não podiam falar; a maioria deles chegou às lágrimas perguntando: "Por quê?! Por quê?! Por quê?! Por quê?!".

Devemos levar em conta que esses temas são muito relevantes para a vida dos nigerianos, pois expõem sofrimento, miséria ou sentimento de injustiça. Quando esses conceitos são então codificados e devolvidos ao meio educacional "gerador" eles não levam à educação, mas sim à calamidade. Essas reações emocionais são bastante úteis para convencer pessoas a aderir à seita e a agir de imediato, mas como era de se esperar mostraram-se péssimas para alimentar o interesse pela educação.

De modo geral, o uso de temas geradores para a educação tem a pretensão de oferecer um meio insuperável para o ensino de conteúdo acadêmico como leitura, escrita, matemática, História, ciências e estudos sociais. Supõe-se que essa abordagem "funcione" (embora as evidências mostrem explicitamente que não) buscando ensinar todas as lições possíveis apresentando-as através de algum conceito politicamente significativo, conceito esse geralmente negativo e centrado na opressão, ajustado aos termos do assunto abordado. Isso supostamente torna o assunto mais atraente, porque suscita o interesse dos alunos e faz com que se envolvam emocionalmente no processo de aprendizado que está relacionado às suas vidas e à capacidade de torná-las melhores.

Em leitura e vocabulário, os currículos geradores podem se traduzir na escolha de livros relevantes para criar uma agenda específica ou apresentar palavras do vocabulário que tragam particular repercussão: pobre, pobreza, miséria, fome, privilégio, riqueza, opressão, injustiça, dano e assim por diante, com frequência maior que a estatística. Ou pode oferecer materiais de leitura com conotações políticas. Nas aulas de matemática, podem se traduzir no uso de aulas de estatística para apresentar circunstâncias específicas politicamente significativas na forma de problemas matemáticos. Nas aulas de História, podem se traduzir na adaptação do currículo para focar certos tipos de conteúdos e a exclusão de outros, como a escravidão ou os vários movimentos em prol dos direitos civis (raciais, sexuais etc.) — e fica evidente, desse modo, o objetivo do Projeto 1619, além do total revisionismo. Em qualquer aula, sem exagero, mas particularmente dentro de um paradigma de educação sexual abrangente, um professor politicamente *queer* pode propor ideias sobre sexo, gênero e sexualidade, até mesmo discutindo suas próprias vidas, incorporando a *Drag Queen Story Hour*, ou simplesmente pedindo às crianças que desenhem suas próprias famílias, a fim de gerar um pretexto para tratar de sexo, gênero e sexualidade segundo os termos tumultuantes da teoria *queer* (em uma prisão chinesa comunista de reforma do pensamento, isso poderia se traduzir como sugestão de que determinados relacionamentos ou atividades nas vidas dos prisioneiros indicam espionagem, dano ao povo chinês ou outros crimes políticos).

A abordagem por temas geradores é empregada sempre que o currículo geral é adulterado para portar uma lição política "oculta" (normalmente bastante velada) como objetivo secundário ou principal da lição, sobretudo quando é vendido como algo que aumentará o envolvimento, o investimento e o interesse dos alunos. Como o nome indica, o objetivo de uma abordagem "geradora" é gerar reflexão e discussão política, que o educador/facilitador dirigirá para um processo de conscientização.

O objetivo de Freire com a abordagem dos conceitos geradores é sequestrar lições acadêmicas e transformá-las em pretexto para discutir tópicos politicamente relevantes em seus próprios termos marxistas. Em outras palavras, a própria aula, seja de leitura, escrita, História, matemática, ciência, religião ou outra qualquer, torna-se apenas um pretexto e um veículo para a introdução de ideias que mais tarde serão colocadas em discussão de modo a facilitar o processo de "conscientização" e, por conseguinte, a pedagogia marxista (dano ou destruição psicológica, seguida de lavagem cerebral) do aluno. Lembre-se de que a verdadeira educação é a educação política (marxista), e o propósito desse tipo de educação é conscientizar o "aprendiz". Isso é possível somente quando o horário de aula é amplamente, se não inteiramente, dedicado à discussão de tópicos politicamente relevantes, e é mais fácil conseguir isso sequestrando os currículos existentes para aparelhá-los.

A IGUALDADE NIVELA POR BAIXO

Uma pequena digressão: revelamos aqui um ponto importante, porém sutil, sobre as hipóteses subjacentes do marxismo em toda a sua generalidade e especificamente da educação freiriana. Toda teoria marxista costuma pressupor que as classes "privilegiadas" terão seus interesses atendidos pelo aparelhamento do sistema vigente, não importa o quanto as coisas sejam mudadas. Isso acontece porque os marxistas acreditam que as pessoas dessas classes alcançam o sucesso apenas porque aparelham o sistema de modo a se beneficiarem e excluírem concorrentes (isso nos dá uma boa ideia de como eles administrarão a sociedade se conseguirem o controle dela). Dessa maneira, no paradigma proposto pela teoria crítica da raça (marxismo racial), por exemplo, supõe-se que os brancos tenham amplas perspectivas de contratação e trabalho mesmo numa economia que aplica intensamente práticas de contratação e admissão baseadas em consciência racial, isso devido ao privilégio do branco. Contratações, promoções e admissões realizadas segundo o que estabelece a consciência racial ("ação afirmativa") não são consideradas discriminatórias, mas sim reparadoras. Sob certos tipos similares de feminismo (marxismo e sexualidade ou gênero), o mesmo serve para os homens ("mas e os homens?", é um sarcasmo conhecido de mulheres feministas a respeito desse ponto), para pessoas heterossexuais e para pessoas cuja identidade de gênero corresponde ao próprio gênero ("cisgênero"). Parte-se do pressuposto de que os homens, sobretudo os heterossexuais, atingirão o sucesso, ao passo que mulheres e homossexuais precisam de ajuda — algo como, digamos, muitos programas de bolsas especiais e programas honoríficos e de inclusão. Essas adaptações servem muitas vezes como ponto de acesso para que radicais entrem e comecem a colonizar uma disciplina com ativismo, políticas e ideologias marxistas de identidade.

Na área da educação, além das admissões, isso se manifestaria como uma suposição de que alunos brancos simplesmente aprenderiam a ler fosse qual fosse a sua instrução, enquanto as pessoas não brancas poderiam aprender a ler ou não sem materiais geradores "culturalmente relevantes". Esse ponto de vista simplesmente pressupõe que os indivíduos que se destacam academicamente no sistema vigente farão isso independentemente da mudança de um programa educacional existente para outro, seja o modelo de conceitos "geradores" de Freire, o ensino culturalmente relevante, a leitura de palavras inteiras (encorajada na educação freiriana), matemática intuitiva ou etnomatemática, ou qualquer outro tipo de manipulação similar. Por exemplo, estudantes academicamente talentosos supostamente conquistarão altos níveis de sucesso acadêmico se a educação cuidar dos "estudantes mais vulneráveis" e se programas para alunos superdotados e talentosos — tecnicamente uma forma de educação especial para estudantes superdotados intelectualmente com necessidades especiais de aprendizagem em virtude dos seus talentos — forem eliminados.

Sob diversos aspectos, uma abordagem freiriana da pedagogia provém da questionável suposição marxista segundo a qual o privilegiado sempre terá sucesso, haja o que houver. Afinal tratam-se de pessoas privilegiadas, o que na lógica marxista significa que o sistema foi burlado por uma bem elaborada teoria oculta da conspiração, que assegura o seu êxito e basicamente o fracasso de todos os demais. Sob esse pressuposto, portanto, os educadores não têm de usar uma pedagogia rigorosa. Devem usar métodos de "conscientização" fraudulentos e, em nome da "inclusão" e da "igualdade", devem ensinar para os mais atrasados da classe, e empregando métodos impertinentes. Desse modo a igualdade, frequentemente apresentada como modelo de educação freiriana, *nivela por baixo*, piorando os resultados para todos a fim de minimizar as diferenças. Para dar mais um exemplo: presume-se simplesmente que os estudantes obterão domínio de conhecimentos acadêmicos, ainda que suas aulas tenham cunho político, social e emocional.

Com efeito, os "privilegiados" têm de ser expostos à natureza do seu privilégio e sentir *desconforto* devido a ele, literalmente sob um programa denominado "a pedagogia do desconforto". Essa "pedagogia" sádica é anunciada como a única maneira de levar os privilegiados a reconhecerem seu privilégio e o dano que o sistema do qual eles se beneficiam, e portanto apoiam a causa alheia (o programa de reforma do pensamento é óbvio).

UMA PEDAGOGIA DO DESCONFORTO começa com o convite a educadores e alunos para que se envolvam em uma investigação crítica a respeito de valores e crenças estimadas e para que examinem as autoimagens construídas com base em como um indivíduo aprendeu a perceber os outros. Dentro dessa cultura de pesquisa e flexibilidade, um foco crucial é reconhecer de que maneira as emoções definem como e o que uma pessoa escolhe ver e, inversamente, não ver (Boler, 1999, 176).

UMA PEDAGOGIA DO DESCONFORTO pede não apenas investigação mas também, numa conjuntura de crise, ação — ação catalisada, felizmente, como resultado de se aprender a dar testemunho. Assim como a autorreflexão e a empatia passiva não garantem nenhuma mudança, o projeto seguro de investigação representa somente o primeiro passo de uma jornada de transformação (Boler, 1999, 179).

Em um sistema freiriano os temas geradores seriam apresentados dessa maneira aos "alunos privilegiados", de modo a conscientizá-los — principalmente quanto ao que eles "escolhem... não ver". Como foi explicado por Susannah Livingston nesse sentido em um artigo acadêmico sobre educação em escolas particulares de elite:

> Quando consideramos o trabalho pedagógico crítico nos Estados Unidos, parece contraditório considerá-lo libertador em escolas não públicas, tendo em vista que a maioria dos estudantes que frequentam essas instituições de elite são filhos de membros de estruturas de poder hegemônicas e repressivas existentes, e/ou são favorecidos por essas estruturas. Essa revisão narrativa registra as minhas experiências como educadora crítica trabalhando em escolas norte-americanas independentes. Ela explora a ideia de que pedagogos críticos em escolas com aulas pagas encontram-se em uma posição única para conduzir o movimento de estudantes de elite rumo a lugares de práxis positiva e libertadora, ancorando experiências de escolas particulares na pedagogia freiriana. Também explora a necessidade de uma educação libertadora para estudantes privilegiados, explicando que após o contato com a pedagogia crítica esses estudantes muitas vezes desejam usar os seus significativos recursos, e podem usá-los, a fim de se humanizarem e se empoderarem, e por meio disso humanizarem e empoderarem a sociedade — ajudando a dar fim a ciclos de opressão.

Livingston prevê que isso aconteça usando a abordagem geradora para levar os "filhos das elites" a entenderem que a História é construída por agentes consciente, para que eles possam se reconhecer como tais — e concordem em dedicar seu "potencial financeiro e social para darem início à mudança".

Em minha experiência no ensino crítico a crianças de elites, há algumas táticas certeiras para guiar os estudantes pelas fases de crescimento freudiano e rumo à decodificação necessária de questões relevantes. A primeira é uma alteração dos currículos vigentes para incluir uma perspectiva freiriana do passado, a fim de que decisões e escolhas humanas do passado sejam claras e o passado possa ser considerado ativo e não passivo (Freire, 2000). Ensinar o impacto da atuação humana no passado e conectá-lo nitidamente às estruturas hegemônicas em vigor permitiu que os meus alunos tomassem consciência das causas profundas dos problemas, ao mesmo tempo que os tornou capazes de mudar o futuro, mostrando que o futuro não é uma rota estabelecida de eventos mas sim um caminho fixado pela escolha e pela resposta humana — que pode ser influenciado por suas escolhas e respostas. Os meus alunos de escola particular costumam considerar isso empoderador (porque eles sabem que têm potencial financeiro e social para estabelecer mudanças, já que se tornaram conscientes do seu privilégio) e também esmagador (quando se dão conta da profundidade e da extensão do trabalho a ser realizado). Eu percebi que alguns alunos consideraram abstratas essas questões e demonstraram enorme desconhecimento de suas causas profundas; porém eu levei muitos anos para entender (quando os alertava acerca da sua própria opressão) que esse era frequentemente *o primeiro passo* rumo à sua conscientização e não um ponto de interrupção.

Os pedagogos freirianos, desse modo, procuram maneiras de conscientizar os estudantes "privilegiados" para torná-los ativistas em favor deles (com recursos consideráveis desses estudantes e de seus pais). Sua suposição equivocada e fundamentalmente ávida é uma maneira eficaz de levar a "igualdade" a nivelar por baixo. Ela fracassa com base na cruel e paranoica suposição de que o sistema como um todo é manipulado em benefício desses estudantes de forma tão substancial que eles não podem ser realmente prejudicados por esse sistema (ou pela destruição desse sistema).

UMA DECEPÇÃO CHAMADA ENGAJAMENTO

Esse conjunto de suposições distorcidas também tem serventia para o outro lado. Supostamente porque (segundo Freire) os "aprendizes" já são "conhecedores" e "pessoas concretas", os conceitos geradores são teoricamente extraídos deles por meio do diálogo. Na realidade, eles sabem coisas que nem mesmo os educadores sabem, muito menos os alunos privilegiados. Dessa maneira um educador de camponeses, como Freire, pode pedir a eles que expliquem as reais condições de suas vidas, coletando na verdade dados sobre essas pessoas. Dessas conversações, termos politicamente relevantes — muitas vezes palavras como "sofrimento", "pobreza", "exploração" e "miséria" — podem ser extraídos como exemplos de palavras utilizadas para ensiná-los a ler. O objetivo é encontrar um ponto de partida no qual o processo de conscientização possa ter início.

> É na realidade mediatizadora, na consciência que dela tenhamos educadores e povo, que iremos buscar o conteúdo programático da educação. O momento deste buscar é o que inaugura o diálogo da educação como prática da liberdade. É o momento em que se realiza a investigação do que chamamos de universo temático do povo ou o conjunto de seus temas geradores. Essa investigação implica, necessariamente, numa metodologia que não pode contradizer a dialogicidade da educação libertadora. Daí que seja igualmente dialógica. Daí que, conscientizadora também, proporcione, ao mesmo tempo, a apreensão dos "temas geradores" e a tomada de consciência dos indivíduos em torno deles. Essa é a razão pela qual (em coerência ainda com a finalidade libertadora da educação dialógica) não se trata de ter nos homens o objeto da investigação, de que o investigador seria o sujeito. O que se pretende investigar, realmente, não são os homens, como se fossem peças anatômicas, mas o seu pensamento-linguagem referido à realidade, os níveis de sua percepção dessa realidade, a sua visão do mundo, em que se encontram envolvidos seus "temas geradores" (Freire, 1968, p. 96-97).

De acordo com Freire, a abordagem geradora não é apenas considerada melhor devido à sua capacidade de iniciar a conscientização; ela também é mais interessante e cativante para os estudantes. A educação vigente seria alienante porque o seu contexto é abstrato, inexistente ou imposto por camada social

TEMAS GERADORES E A USURPAÇÃO DA EDUCAÇÃO

(burguesa/privilegiada), seu método é imposto por um professor, e seu conteúdo "não tem sentido" (no sentido mais profundo) para o estudante.

Em lugar de apresentar termos simples e acessíveis e edificar, a abordagem de temas geradores emprega termos "cativantes" extraídos dos aspectos problemáticos da vida dos alunos, e então os propõe como base para uma aula de alfabetização. Isso não funciona. Na realidade, é uma perturbadora e destrutiva catástrofe, como ficou evidente nos experimentos nigerianos e no próprio hábito desdenhoso de Freire de reclamar. Não tem grande importância o fato de que esse método impede que se aprenda o assunto subjacente, por se mostrar inapropriado para a tarefa, desviando a atenção para tópicos políticos beligerantes ou transformando alunos em "destroços emocionais" que não veem objetivo em aprender. Tornar-se "politicamente alfabetizado" ainda é considerado melhor do que ensinar conceitos "desconectados" que não têm importância (cultural e marxista) para alunos codificados como "oprimidos".

> A ação cultural orientada para essa síntese tem início com a investigação temática ou os temas geradores por meio dos quais os camponeses podem começar uma autorreflexão crítica e uma autoavaliação. Ao mostrarem a sua própria realidade objetiva (como e onde estão), como na resolução de problemas no decorrer de uma investigação temática, os camponeses começam a rememorar suas visões anteriores do seu mundo real mediante situações codificadas [situações em que travam alguma luta]. Eles atingirão, então, um entendimento do seu conhecimento anterior. Ao fazer isso, eles ampliam os limites do conhecimento, reconhecendo em sua "visão profunda" as dimensões que ainda não haviam sido compreendidas e agora passam a ser percebidas por eles como "compreendidas com clareza".
>
> Mais uma vez, esse tipo de ação cultural faz sentido apenas quando tentamos apresentá-lo como um elemento teórico da experiência social da qual os camponeses participam. Quando nos afastamos dessa experiência nós nos perdemos, nós nos esvaziamos numa série de sílabas sem sentido (Freire, 1985, p. 33).

Quando se faz isso por uma perspectiva baseada na teoria crítica da raça (ou em estudos étnicos, ou em educação multicultural etc.), pode-se argumentar que caso contrário os estudantes de todas as origens étnicas seriam obrigados a aprender os vários assuntos de uma "perspectiva branca", "ocidental" e/ou "eurocêntrica", que está desconectada da realidade das suas vidas. Espera-se que eles aprendam a sintaxe e a gramática do inglês padrão em lugar do (por exemplo) inglês vernacular afro-americano ou outros dialetos e linguagens regionais ou étnicas. A matemática talvez precise incorporar perspectivas indígenas e mesmo outras, como a etnomatemática, por exemplo. A educação sexual abrangente (e a hora da história *drag queen*) pode ser proposta a pretexto de proporcionar maneiras "geradoras" de fornecer "representação" educacional para crianças gays e lésbicas — embora, como eles reconheceram, não seja esse o seu verdadeiro objetivo.

Para Freire, é direta a explicação para o uso de uma abordagem de conceitos geradores na pedagogia: levar os "aprendizes" a se engajar com o material que ele crê ser politicamente relevante para as próprias vidas deles (não mencionado: de um modo que o próprio Freire, como marxista, julga ser apropriado ao seu real objetivo, que é a conscientização marxista e o desmantelamento revolucionário cultural da sociedade). Nos dias de hoje, na prática, isso significa o reenquadramento de todo o conteúdo através de uma lente de "igualdade" ou de "sustentabilidade". Assim, a atividade educacional principal acabará se transformando em debate sobre os conceitos geradores, enquanto o objetivo pedagógico presumido (por exemplo, aprender a ler em uma classe de alfabetização) virá de carona como efeito secundário (exceto, aparentemente, no mundo real, como ficou evidente na Nigéria). Estabelecer um motivo para se colocar no papel de facilitador para esses debates posteriores, como "educador", com a finalidade de ampliar uma consciência política (marxista) do contexto e das circunstâncias da vida dos alunos é seu objetivo declarado de modo explícito. Sua justificativa para essa abordagem de "isca e troca" na educação é que ela resulta em maior engajamento por impactar os alunos de modo mais eficaz no nível de sua experiência vivida, e ao mesmo tempo educa os alunos quanto ao significado e às implicações políticas de suas vidas.

REAPROVEITAMENTO CULTURALMENTE RELEVANTE

Quase todo o programa chamado "ensino culturalmente relevante" apresentado por Gloria Ladson-Billings (originalmente em 1995) é tão somente uma nova embalagem para o modelo de temas geradores de Freire, pois utiliza políticas de identidade racial e outras como fonte para material gerador (embalado como facetas "culturais" de grupos identitários, marcado como "competência cultural"). Ela fez isso em dois dos três artigos sobre educação que publicou naquele ano.

> Freire produziu a noção de "conscientização", que é "um processo que convida os alunos a se envolver criticamente com o mundo e com os outros". Contudo, o trabalho de Freire no Brasil não era radicalmente diferente do trabalho de educação e capacitação de afro-americanos inferiorizados que se realizava no sul dos Estados Unidos. Nas salas de aula do ensino culturalmente relevante, espera-se que os estudantes "envolvam-se com o mundo e com os outros criticamente" (Ladson-Billings, 1995, p. 162).

Assim como Freire, Ladson-Billings apela para um envolvimento maior dos estudantes como pretexto para esses programas, que (como ela explica abertamente em seus artigos seminais de 1995 a respeito do tema) existem para cumprir três metas: gerar sucesso acadêmico (embora ela jamais diga do que se trata isso nem como acontecerá, limitando-se a dizer que vem diretamente do método freiriano), ser "culturalmente competente" (isto é, saber utilizar a abordagem dos temas geradores) e despertar a consciência crítica, isto é, conscientizar. Em resumo: tudo o que Ladson-Billings fez foi reembalar Freire num contexto racial e diminuir o marxismo evidente.

> Eu defini o ensino culturalmente relevante como uma pedagogia de oposição não diferente da pedagogia crítica, mas especificamente comprometida com o empoderamento coletivo, não apenas individual. A pedagogia culturalmente relevante baseia-se em três critérios ou proposições: (a) os estudantes devem vivenciar o sucesso acadêmico; (b) os estudantes devem desenvolver e/ou manter a competência cultural; e (c) os estudantes devem desenvolver uma consciência crítica mediante a qual possam desafiar o *status quo* da ordem social vigente. (Ladson-Billings, 1995, p. 160).

> "Além de incentivar o sucesso acadêmico e a competência cultural, os professores também devem ajudar os alunos a reconhecer, entender e criticar as

desigualdades sociais dos dias atuais", Ladson-Billings escreve em outro artigo seminal do mesmo ano sobre o tema, *Toward a Theory of Culturally Relevant Pedagogy* [Em busca de uma teoria da pedagogia culturalmente relevante] (p. 476). Seu objetivo é "preparar alunos que possam compreender e também criticar a ordem social vigente" (p. 474). A competência cultural, às vezes denominada alfabetização cultural — que parece ser um tipo de alfabetização política que trata categorias políticas de identidade (como raça) como áreas de política de identidade significativa — é, portanto, pré-requisito para a educação culturalmente relevante. Como afirma a própria Ladson-Billings, essa pedagogia é uma perfeita reembalagem da abordagem de Freire, que inclui até a ideia de que a realização acadêmica acontecerá como por mágica apenas pelo fato de se estar em um ambiente educacional e "engajado" nele. Os apelos incessantes por "representação" de identidades politicamente relevantes, incluindo a racial e a *queer*, ajustam-se perfeitamente ao tópico "culturalmente relevante" e são usados escancaradamente para uma abordagem de conceitos "geradores" visando o ensino dessas questões pelas vias marxistas de identidade relevante.

É preciso mencionar que Gloria Ladson-Billings publicou mais um artigo no mesmo ano, 1995 (em colaboração com William Tate, IV), intitulado *Toward a Critical Race Theory of Education* [Em busca de uma teoria crítica da raça da educação]. Esse artigo situa a sua autora e as metas pretendidas com o seu trabalho pedagógico dentro da teoria crítica da raça, além de estar incontestavelmente enraizado na educação marxizada de Paulo Freire. Isso introduz um aparte valioso no tópico da teoria crítica da raça, que Ladson-Billings fundiu à abordagem freiriana da educação (pedagogia crítica) em 1995 com o nome de "ensino culturalmente relevante".

A própria teoria crítica da raça é uma teoria marxista. Na realidade é marxismo de raça (ou marxismo racial, se preferir). Num paralelo perfeito com o modelo de Karl Marx (segundo o qual uma forma de propriedade privada burguesa chamada capital divide a sociedade em uma classe superior "superestrutural" opressiva e uma classe inferior "infraestrutural" oprimida, que se encontram inerentemente em conflito de classes), a teoria crítica da raça sugere que uma forma de propriedade racial/cultural burguesa chamada "branquitude" divide a sociedade em uma classe superior "superestrutural" opressiva e uma classe inferior "infraestrutural" oprimida, ambas inerentemente em conflito racial de classes.

Marx sustentou que as pessoas com acesso ao capital criaram uma ideologia chamada "capitalismo" que justifica a estrutura existente da sociedade que se baseia no classismo (estrutural). A teoria crítica da raça sustenta que as pessoas com acesso à branquitude criam uma ideologia denominada "supremacia branca" que justifica a estrutura vigente da sociedade, que é o racismo estrutural ou sistêmico. Essas comparações podem prosseguir assim cada vez mais, pois, da mesma maneira que a pedagogia culturalmente relevante é uma nova embalagem para a abordagem de conceitos geradores de Freire, transportada para os domínios político-identitários raciais e outros, a teoria crítica da raça é um reembalamento direto do marxismo transportado para o domínio racial (outras "teorias" de política identitária, tais como a teoria do gênero e a teoria *queer*, reproduzem o marxismo em outros domínios "culturais" identitários — normalidade como propriedade, cisheteronormatividade como ideologia, *queer* como o oprimido etc., etc.).

Nesse sentido, a teoria crítica da raça e o ensino culturalmente relevante andam lado a lado e de mãos dadas, da mesma maneira que fazem a teoria da pedagogia marxista de Freire e a teoria (neo-)marxista que ela busca implantar em "aprendizes". O ensino culturalmente relevante é a pedagogia crítica de Freire concebida para ensinar temas marxistas de identidade. A pedagogia crítica freiriana, como sua precursora, é uma pedagogia marxista cujo propósito é ensinar temas neomarxistas. Ladson-Billings continua empurrando diligentemente ambos os conceitos para a educação hoje, mais de um quarto de século depois. A teoria crítica da raça informa e é comunicada por meio do ensino culturalmente relevante que não passa de uma nova embalagem para a abordagem de conceitos geradores inúteis de Paulo Freire.

O FRACASSO DA APRENDIZAGEM: TEMPO SEQUESTRADO É TEMPO ROUBADO

Uma das falhas mais gritantes da abordagem dos conceitos geradores para a educação posta em prática por Freire é que ela não somente toma um valioso tempo de aula para programar estudantes numa determinada ideologia (marxista) como também faz isso enquanto se incorpora e se oculta dentro desse assunto, tornando difícil identificá-la com clareza e eliminá-la. *Tecnicamente*, Paulo Freire estava ensinando camponeses a ler com o seu método (algumas vezes). *Tecnicamente*, professores culturalmente relevantes hoje ensinam matérias como leitura, escrita, matemática, História e ciências, embora os exemplos sejam escolhidos para serem "culturalmente relevantes" (isto é, geradores) e o núcleo da matéria relevante seja preterido em favor do diálogo sobre o impacto dos conceitos geradores e os sentimentos que esses conceitos inspiram. O resultado disso é (além da conscientização radical) *o fracasso da aprendizagem*, exatamente como vemos acontecer em Providence, Rhode Island, e como sem dúvida aconteceu nas escolas experimentais nigerianas. Cada lição alterada mediante o método gerador a fim de ampliar a "alfabetização política" é uma lição mais do que desperdiçada, porque, além de ser uma lição perdida ela é agressivamente substituída por algo destrutivo para os alunos, para o seu interesse em aprender (em lugar de se tornarem ativistas) e para a sociedade.

Esses abusos em relação a tempo de aula e confiança ocorreriam muito menos frequentemente se fosse aplicada uma abordagem não geradora e academicamente voltada para o ensino da disciplina — exatamente aquela que Freire insiste em afirmar que não existe e *não pode* existir baseado em pouco mais do que a teoria da conspiração marxista padrão a respeito do poder e de como ele estrutura a sociedade.

Seria uma enorme ingenuidade esperar que as classes dominantes criassem um tipo de educação que permitisse que as classes inferiores discernissem de maneira crítica as injustiças sociais.

Isso demonstra que não existe educação verdadeiramente neutra. Uma consciência ingênua, entretanto, poderia interpretar essa afirmação atribuindo falta de neutralidade a uma prática educacional na qual os educadores simplesmente não respeitam a expressividade dos alunos. Isso é o que de fato caracteriza o estilo domesticador de educação.

A educação libertadora é um processo pelo qual o educador convida os aprendizes a reconhecer e revelar de maneira crítica a realidade. A prática da domesticação busca comunicar uma falsa consciência aos aprendizes, o que resulta numa adaptação fácil à sua realidade; a prática libertadora, por outro lado, não pode ser reduzida a uma tentativa por parte do educador de impor liberdade aos aprendizes (Freire, 1985, p. 102).

TEMAS GERADORES E A USURPAÇÃO DA EDUCAÇÃO

Essa abordagem por conceitos geradores, incluindo todas as abordagens culturalmente relevantes (ou responsivas, ou competentes, ou apoiadoras) para o ensino, diminui para os alunos a oportunidade de aprenderem a matéria, ao mesmo tempo que os prepara para uma "alfabetização política" considerada relevante para o "educador" que utiliza o método. Trata-se de uma forma bastante sutil de doutrinação e programação ideológica (isto é, culto de reforma do pensamento), e é um desastre completo na prática. O mais desafiador para quem se opõe a ela é que a aula política é camuflada como uma aula de habilidades básicas em leitura, vocabulário, matemática ou outros assuntos por meio da alquimia da "relevância cultural" ou das "palavras geradoras" como uma abordagem. Eis um exemplo muito sutil (cortesia da ex-educadora Jennifer McWilliams), que infelizmente é comum nas abordagens de aprendizagem socioemocional para aumentar o "engajamento". Considere o seguinte problema de aritmética da segunda série: "Johnny está de carro a caminho do parque de diversões com sua mãe e seu pai. O parque de diversões fica a oitenta quilômetros de distância. Eles já dirigiram por cerca de cinquenta quilômetros. Quantos quilômetros faltam para chegarem ao seu destino? Parece algo absolutamente inofensivo, mas um "educador" ativista treinado em ASE pode facilmente transformar esse enunciado em debates, em sala de aula, a respeito de pobreza, raça, sexualidade, gênero, ambientalismo e autoridade parental. Por exemplo: para gerar "engajamento", esse educador pode perguntar aos alunos quem já esteve num parque de diversões e quem não esteve. Então, antes de resolver o problema de matemática, ele pergunta por que algumas pessoas foram e outras não foram a um parque de diversões, até que alguém comente que nem todos têm condições de pagar para ir. O professor usou o parque de diversões como tema gerador para desenvolver uma discussão sobre pobreza que poderia facilmente avançar para uma discussão sobre raça. "Mamãe e papai" poderiam "gerar" discussões sobre feminismo, sexualidade e gênero. "Carro" poderia "gerar" discussões sobre ambientalismo. Se alguns pais já levaram seus filhos ao parque e outros não levaram alegando que ainda não tinham idade suficiente para ir, isso poderia "gerar" discussões sobre autoridade dos pais e sua legitimidade. Todos esses tópicos serão então abordados sob lentes como "igualdade" e "sustentabilidade". É desse modo que a abordagem por "temas geradores" pode sequestrar sem dificuldade qualquer lição acadêmica e transformá-la numa oportunidade de conscientizar segundo a "alfabetização política" desejada.

A PEDAGOGIA DO MARXISMO

O desafio que nos aguarda é aprender a reconhecer a abordagem de *temas geradores* e chamar a atenção para essa abordagem, em vez de nos concentrarmos em itens ou práticas curriculares específicas nas escolas. Embora os materiais possam ser bastante detestáveis — chegando ao ponto de incluir homens adultos vestidos como mulheres sexualizadas (*drag queens*) apresentando material sexual para crianças, bem como pornografia clara com o livro *Gender Queer* nas bibliotecas escolares — eles são somente acessórios "intermediários" do método que tem de ser totalmente erradicado.

CODIFICAÇÃO E DECODIFICAÇÃO COMO MÉTODO DE REFORMA DO PENSAMENTO

Paulo Freire faz avançar o núcleo operacional do seu programa educacional em três etapas, que muitos educadores e pais nos dias de hoje acharão familiares nos materiais de sala de aula dos seus filhos, mas não pelo nome dado por ele: método de codificação e decodificação. Para Freire, depois de extrair informações dos alunos e propor ideias por meio da abordagem dos temas geradores, o educador, na condição de facilitador, preparará o aluno para que compreenda o tema segundo uma concepção marxista. O processo segue adiante com a "codificação" de uma palavra, conceito, tema gerador, de acordo com essas regras especiais, seguida por lê-lo, depois problematizá-lo e então decodificá-lo (esses estágios correspondem à abordagem dialética de três passos inerente ao marxismo, em que algum fenômeno é tornado *abstrato*, então *criticado* mediante uma crítica *negativa* e depois tornado *concreto* quando ligado à "realidade" vivida da situação).

Dessa maneira, o primeiro passo do método freiriano é empregar diálogo, pesquisas etc. para a obtenção de conteúdo gerador. Esse conteúdo é usado, então, no núcleo operacional da reforma de pensamento freiriana, que se desenrola em etapas calculadas. Os temas geradores retornam aos alunos de forma "codificada" (abstrata) para que os estudantes possam decodificá-los. Esse processo de decodificação se dá em etapas discretas: "ler" as "realidades" políticas contidas na codificação, problematizá-las e depois conectá-las à "experiência vivida" dos alunos. Freire insiste que a decodificação então continua na aula real de alfabetização, embora a evidência não pareça validar essa sua afirmação.

Embora a questão da *codificação* seja objetiva e relativamente fácil de entender, os processos de *decodificação* são mais complicados. Existe uma razão simples para isso. Não há apenas um processo de decodificação acontecendo; são *dois* ao mesmo tempo. Na hesitação entre as duas formas de decodificação, uma política e outra linguística — que Freire apresenta como um único método misto para obter interesse e engajamento por meio da discussão política que será seguida pela aula de alfabetização —, Freire oculta o principal mecanismo para a usurpação da educação. O esquema consiste em empregar temas geradores para centralizar novamente a educação em torno da radicalização (isto é, da conscientização) do material. A usurpação é feita quando se finge fazer uma decodificação linguística que termina com o aprendizado da leitura; porém, esse aprendizado é sequestrado, e o que se faz primeiro é a decodificação política radicalizadora, o que acaba produzindo o resultado catastrófico visto na Nigéria.

PANORAMA DO PROCESSO DE REFORMA DO PENSAMENTO

Para Freire, o processo de codificação corresponde à apresentação da imagem de um tema gerador, em geral uma figura, já que ele pretende ensinar analfabetos que não sabem ler. Contudo, qualquer material considerado "gerador" pode ser preparado numa lição codificada. Uma história sobre a escravidão é uma codificação da escravidão, por exemplo, e a presença de uma *drag queen* é codificação de uma lição sobre transgredir os limites de sexo e gênero. O objetivo de apresentar a imagem de forma abstrata é, de acordo com Freire, permitir que o aluno ganhe "distância crítica". Isso significa que o aluno deve ser capaz de compreender o tema gerador por meio da apresentação abstrata, enquanto se mantém distante dele o bastante para criticá-lo e para criticar o que o educador mostrará como suas "causas reais". A criação dessa apresentação como resultado de temas geradores é chamada de "codificação".

São discutidos depois os elementos opressivos ou negativos da imagem. Isso dá início aos processos de "decodificação". Como vimos, ocorrem duas decodificações ao mesmo tempo: uma real e política, outra falsa, uma cortina de fumaça. Todo o processo começa politicamente com a "leitura" da situação orientada por seu conteúdo político, que é então problematizado. Essas são as duas primeiras etapas do processo de *decodificação política*, que compõe o real mecanismo da reforma do pensamento freiriana. Isso torna *nocivo* o conteúdo codificado, e torna esse conteúdo *verdadeiro e importante* para o aluno. Em outras palavras, é nesse estágio que se inicia a análise marxista. É nesse estágio que são aplicadas as lentes da "igualdade", da "sustentabilidade" ou da "inclusão". Sua finalidade é mostrar ao aluno por que a imagem e as ideias na codificação representam injustiça social e exibir as "causas estruturais" da circunstância representada, como os marxistas a veem, e por que elas são opressivas e "concretas" nas próprias vidas desses alunos.

Por fim, o aluno é preparado para se identificar com a ideia mostrada de maneira abstrata na imagem. Essa é a etapa final da decodificação política, que leva à conscientização, e desse modo na concepção de mundo a partir da perspectiva do oprimido. Presume-se que depois disso aconteça a decodificação linguística, levando os alunos agora supostamente empolgados a aprenderem a "decodificar" sua língua e a lerem.

Desse modo, Freire presume, o aluno não somente aprendeu a ler a palavra geradora relevante e se tornou interessado em saber ler mais sobre a questão como também aprendeu a ler o contexto político da sua vida. Na verdade, a alfabetização real é sacrificada por uma pedagogia terrível para a alfabetização política, que não é alfabetização política neutra, mas sim a agenda ativista do facilitador marxista que prepara os "aprendizes" para enxergarem o seu mundo e os seus problemas através de lentes marxistas. Na terminologia marxista tradicional, esse processo seria denominado "desmistificação da realidade". Vamos avaliar esse processo com três exemplos em meio a dois cenários: uma prisão comunista chinesa para reforma do pensamento e duas salas de aula num ambiente hipotético de escola primária.

Numa prisão maoista, vários feitos de sua vida são apresentados a você por juízes no processo de interrogatório. Eles sugerem crimes que supostamente você cometeu e pelos quais foi preso, e você terá de confessar. O problema é que você não compartilha do "ponto de vista do povo" (comunista) (*rénmín lìchǎng*, 人民立场) e portanto não pode entender que o que você fez é crime. A ideia de que a sua ação representa um crime é abstrata para você, e apresentada como *codificada*; digamos que como possível espionagem. Contudo, por meio de interrogatório, estudo (marxista) (*xuéxí*, 学习) e sessões de "apoio" em grupo, que em chinês se denominam "luta" (*dòuzhēng*, 鬥爭; ou *pīpàn dòuzhēng*, 批判鬥爭, "luta crítica"; também chamada de sessões de "*denúncia*"), o seu comportamento é tornado problemático no contexto da perspectiva do povo. Com o tempo, à medida que você vai adotando o ponto de vista das pessoas, os crimes dos quais você foi

A PEDAGOGIA DO MARXISMO

acusado tornam-se claros para você; você aprende a "reconhecê-los" e passa a se enxergar como alguém que cometeu crimes contra "o povo". Seus crimes foram *decodificados* e o seu pensamento foi "reformado".

Considere agora uma escola primária tratando da ideia de escravidão em uma aula de estudos sociais aparelhada com a aprendizagem socioemocional. Um livro sobre o tema da escravidão adequado para a idade pode ser usado, e, desse modo, uma representação abstrata e codificada da pavorosa instituição é fornecida aos estudantes por meio de itens curriculares impecáveis. Então o professor, como facilitador, encaminha a classe a uma aula socioemocional a respeito do assunto. "Como você acha que os escravos se sentiam?", eles podem perguntar, não mais se atendo aos fatos da escravidão, mas se desviando para os componentes emocionais. "Por que a escravidão é injusta e desleal?", eles também podem perguntar, focando na supremacia branca como criadora da injustiça. "Como pessoas parecidas com Sally oprimem pessoas parecidas com Michael? O que elas conseguiram fazendo isso?", eles podem continuar. "Como você acha que Michael se sentiu com isso?". Desse modo, técnicas de aprendizagem socioemocional facilitam uma discussão em sala de aula sobre o tema da escravidão, onde diferentes crianças são encorajadas a falar a respeito de como podem ter se sentido, e de como isso supostamente se associa ao racismo que elas experimentam na vida real. Os alunos são estimulados a se verem na história — a *se reconhecerem e a reconhecerem as injustiças — as que elas experimentam* — e as causas da injustiça são decodificadas em termos de "supremacia branca" e "privilégio branco" que supostamente continuam se difundindo pela sociedade e organizando-a mesmo nos dias de hoje. Eles são acusados de racismo por cumplicidade com o racismo sistêmico e preparados para se reconhecerem como racistas pelo ponto de vista da raça crítica. Trata-se do mesmo processo.

Imagine uma escola primária recebendo uma sessão de leitura "geradora" da *Drag Queen Story Hour*. As crianças são conduzidas à biblioteca da escola, onde são apresentadas a um homem adulto jocoso vestido de mulher e com comportamento sexualizado que lê para elas enquanto executa uma performance de drag. O conceito de gênero *e de fluidez de gênero*, e possivelmente de sexualidade, é transmitido a elas de forma codificada na pessoa e na performance da *drag queen*. Muitas vezes surgem perguntas como "Por que está vestido como uma menina?", segundo os que fornecem essa "pedagogia", e são dadas respostas

146

como: "Por que importa que as pessoas se vistam como menino ou menina?". A problematização do gênero e da sexualidade começa com uma *drag queen* atuando como facilitadora. Perguntas como "Quem quer ser uma *drag queen* quando crescer?" vêm da própria *drag queen*, simplificando para a criança um ponto de vista *queer* decodificado de gênero e de sexualidade. Mais uma vez o processo é o mesmo. Embora somente os dois recebam abordagem freiriana explicitamente nas escolas primárias, quase não há diferença, no nível pedagógico, em comparação com a prisão da reforma do pensamento. E por que haveria? Ambos são métodos "educacionais" sofisticados para conseguir que as pessoas enxerguem suas circunstâncias pela perspectiva marxista — do povo ou do oprimido.

Vamos dirigir nossa atenção para o processo de codificação e decodificação, a fim de vê-lo com maior profundidade.

CODIFICAÇÃO

A codificação — que na essência é apresentar algo "real" e gerador como abstrato — é o primeiro passo depois da identificação de um tema gerador. Tecnicamente, o educador faz a codificação com os temas geradores como forma de planejamento de aula. Não é algo feito com os estudantes. O propósito da codificação é preparar uma aula de reforma marxista do pensamento baseada no tema gerador relevante para as circunstâncias da vida dos alunos, apresentando-a camuflada como lição acadêmica abstrata. É por meio do processo de "codificação" que o educador facilitador transforma um tema gerador como "parque de diversões" numa rampa de acesso para uma discussão sobre temas marxistas como a igualdade.

A segunda fase da investigação tem início com a apreensão do complexo de contradições. Trabalhando sempre como uma equipe, os investigadores selecionarão algumas dessas contradições para desenvolver as codificações a serem utilizadas na investigação temática. Tendo em vista que as codificações (desenhos ou fotografias) são objetos que intermedeiam os decodificadores em sua análise crítica, a elaboração dessas codificações tem de ser orientada por determinados princípios diferentes dos usuais para a criação de recursos visuais (Freire, 1968, p. 114).

A ênfase dada aqui em "contradições" revela que essa abordagem é marxista. A ideia é reapresentar aos alunos o "contexto" das suas vidas de modo a gerar a sensação de que esse contexto, de algum modo, entra em contradição com as coisas como elas "deveriam" ser — segundo o cochicho marxista subversivo. Imagine um reformador de pensamento chinês sugerindo que os encontros aparentemente inofensivos que você teve com um amigo serviam para passar informações para uma pessoa que vez por outra viajava para fora da China; isso contradiz a sua crença de que não passou de um encontro inócuo. Você também poderia imaginar uma aula sobre escravidão e supremacia branca em que se argumenta que a Declaração de Independência ensina que todos os homens são criados iguais; mas não foi isso que aconteceu na América — não aconteceu e ainda não acontece. Você pode ainda imaginar a confusão de uma criança, as contradições gritantes que ela experimenta diante de um homem adulto com roupas femininas e agindo como uma mulher extremamente sexualizada, uma figura caricata aparecendo para ministrar aula numa escola formal (ensinar a quebrar regras é abertamente declarado como meta geradora para *Drag Queen Story Hour,* que tem isso como missão). A *drag queen*, pode-se presumir, "prepara as codificações... por certos princípios diferentes dos costumeiros para criar recursos visuais".

Chamo a sua atenção para uma ideia crucial em Freire que nós discutimos no início desse livro: "As codificações são os *objetos* que medeiam os decodificadores em sua análise crítica". Freire frisa esse ponto repetidas vezes em seus livros. Eis mais um exemplo:

> A "codificação" que os camponeses têm à sua frente não é um mero apoio visual, do tipo usado pelo educador para "conduzir" uma aula melhor. Pelo contrário: a codificação é um objeto de conhecimento que na mediação entre educador e estudante permite que sua própria revelação aconteça.
>
> Por representar um aspecto da realidade concreta dos camponeses, a codificação contém a palavra geradora que remete à codificação ou algum dos seus elementos (Freire, 1985, p. 24).

Dessa maneira, para Freire o material acadêmico apresentado como aula não é importante pelo que é, mas sim pelo que representa: uma oportunidade para conscientizar. Os materiais de aula codificados não passam de um mediador no qual o educador-facilitador e o aluno se engajam juntos para obter a conscientização. Em termos práticos, isso significa que a disciplina — leitura, escrita, matemática, História — não tem tanta importância na arena educacional freiriana. O conteúdo acadêmico é um simples mediador para a obtenção da conscientização, e o material específico é escolhido "geradoramente" a fim de facilitar a conscientização (social e emocional e/ou política). Ele repete esse ponto em seus livros.

> Por um lado, a codificação faz mediação entre os contextos concreto e teórico (da realidade). Por outro lado, como objeto de conhecimento, faz mediação entre os sujeitos cognoscentes, os educadores e os estudantes, que tentam por meio do diálogo desvelá-la (Freire, 1985, p. 51).

Assim, a própria codificação permite ao educador conectar o que está acontecendo na realidade que cerca os alunos ao "contexto teórico", que é a interpretação marxista dessa realidade. Permite em seguida que o educador ofereça essa fruta envenenada aos alunos "como um objeto de conhecimento" que medeia o processo de conscientização. O conteúdo acadêmico em uma escola freiriana é uma proposta, e o objetivo dessa proposta, muito específico, é reinterpretar aspectos desencadeadores da "realidade vivida" através de algumas lentes marxistas, e depois reformar o pensamento dos "aprendizes" para que a aceitem como a interpretação correta da sua "experiência vivida" e, portanto, a natureza mais profunda da própria realidade. Sem dúvida, qualquer pessoa familiarizada com a aprendizagem socioemocional transformadora já percebeu o que é todo esse programa; é *isso*.

As regras que Freire estabeleceu para o processo de codificação são interessantes à sua própria maneira. Há, na verdade, a tendência marxista habitual para uma peculiar projeção de autoconsciência que se pode perceber em sua descrição.

> Uma primeira condição a ser cumprida é que, necessariamente, devem representar situações conhecidas pelos indivíduos cuja temática se busca, o que as faz reconhecíveis por eles, possibilitando, desta forma, que nelas se reconheçam. Igualmente fundamental para a sua preparação é a condição de não poderem ter as codificações, de um lado, seu núcleo temático demasiado explícito; de outro, demasiado enigmático. No primeiro caso, correm o risco de

A PEDAGOGIA DO MARXISMO

transformar-se em codificações propagandísticas, em face das quais os indivíduos não têm outra decodificação a fazer, senão a que se acha implícita nelas, de forma dirigida. No segundo, o risco de fazer-se um jogo de adivinhação ou "quebra-cabeça". Na medida em que representam situações existenciais, as codificações devem ser simples em sua complexidade e oferecer possibilidades plurais de análises em sua decodificação, o que evita o dirigismo massificador da codificação propagandística. Codificações não são slogans, são objetos cognoscíveis, desafios para os quais a reflexão crítica dos sujeitos decodificadores deve ser direcionada (Freire, 1985, p. 114-115).

Simplificando um pouco mais a questão, para Freire as codificações de temas geradores têm de obedecer a três critérios. Em primeiro lugar, devem ser uma representação abstrata do tema. Em segundo lugar, devem basear-se em temas emocional e politicamente cativantes na vida real dos alunos — em outras palavras, devem mostrar potencial para radicalizar os alunos politicamente. Em terceiro, devem ser organizados de maneira que o conteúdo político seja visível, mas não claramente propagandístico.

O potencial "gerador" das *drag queens* especificamente é portanto evidente. Elas são "divertidas", na opinião das próprias e de funcionários públicos (entre eles a procuradora-geral Dana Nissel, de Michigan). Como diz Freire, elas não são "nem explícitas demais nem enigmáticas demais". As provocações sexuais e de gênero são óbvias, mas ao mesmo tempo dissimuladas numa figura de palhaço desavergonhado. Uma *stripper* seria explícita demais (ela coisifica o gênero em vez de colocá-lo em discussão); uma pessoa qualquer, ou um profissional gay, lésbica ou trans, seria enigmática demais. *Drag queens* são simples em sua complexidade e oferecem diversas possibilidades de decodificação. Isso confere aos facilitadores que usam seus serviços uma negação aceitável dos seus propósitos verdadeiros — aqui, sobre "representação" e "empatia" LGBTQ; na teoria crítica da raça, "só estamos ensinando História honesta", por exemplo. Contudo eles não evitam a tendência de usar propaganda para lavagem cerebral; eles *são* assim.

Para Freire, no contexto da alfabetização de adultos no Terceiro Mundo colonizado a codificação avança exibindo um desenho de algo semelhante a uma favela ou um campo sendo trabalhado por camponeses. Junto da imagem, será

150

mostrado depois o conceito gerador; por exemplo, a palavra *favela* como legenda da imagem. Isso "codifica" a ideia de favela para o aluno enquanto o prepara para uma identificação visual da palavra "favela" segundo o que ele vê na imagem abstrata de uma favela.

Os objetivos declarados que Freire busca alcançar por meio da codificação são dois. Em primeiro lugar, o aprendiz será preparado para identificar visualmente a palavra "favela" e associá-la à imagem; depois disso os exercícios silábicos (fônicos) terão prosseguimento (imagine uma criança cuja primeira palavra na experiência de leitura seja "sofrimento", "miséria" ou "exploração", e perceba quão ridícula é essa abordagem). Como resultado disso, "conscientização" e "alfabetização política" são transportados para a aula sob o pretexto de ensinar as pessoas a ler.

Em segundo lugar, o aprendiz conseguirá "distância crítica" do conteúdo da codificação. Ele pode até mesmo morar em uma favela, mas conseguirá vê-la como um lugar no qual *outra pessoa* habita, ou como um lugar completamente abstrato. Isso tornará mais fácil para ele *ler* esse conteúdo, depois *problematizá--lo* e então conectar-se novamente à interpretação marxista elaborada naquela fase por meio da "decodificação".

> Em nosso método, a codificação assume no início a forma de uma fotografia ou esboço que representa um existente real, ou um existente construído pelos aprendizes. Quando essa representação é projetada como um slide, os aprendizes realizam uma operação fundamental para o fato de conhecer: eles se distanciam do objeto cognoscível. Essa experiência do distanciamento também é vivida pelos educadores, para que, juntos, educadores e educandos reflitam de maneira crítica acerca do objeto cognoscível que os medeia. O objetivo da decodificação é alcançar o nível de conhecimento crítico, a começar pela experiência do aprendiz com a situação no "contexto real" (Freire, 1985, p. 52).

Em tempos modernos, imagens geradoras, textos, contextos e outros conteúdos educacionais podem ser usados para representar conceitos de política identitária (marxismo de identidade) para crianças nas escolas. Por exemplo, as crianças podem ler livros sobre escravidão e sobre o tratamento injusto dado a escravos, aprendendo a ver a escravidão no contexto codificado — não exatamente propaganda. Isso traz um desafio considerável para pessoas que percebem que está ocorrendo manipulação. Muitas vezes não existe nada exatamente errado com boa parte do material específico mostrado em aulas desse tipo, que são, no final das contas, codificações freirianas (às vezes e em algumas áreas, particularmente em lições relevantes relacionadas a sexo, gênero e sexualidade, é mais claramente chocante ou inapropriado: "O que significa gênero para você?", ou "Por que não devemos quebrar as regras?", pergunta uma *drag queen*). Codificação significa apenas criar propositalmente oportunidades dissimuladas para transformar lições acadêmicas em discussões políticas marxistas a respeito do poder estrutural, o que configura uma usurpação intencional da educação. Com frequência, o material gerador e até mesmo codificado é inquestionável, (mas nem sempre) e por esse motivo as contestações à abordagem freiriana são muitas vezes recusadas por meio de manipulação, pressão psicológica e ataques via relações públicas. Por exemplo: as contestações a uma codificação freiriana podem ser respondidas com argumentos tais como "isso é apenas ensinamento sobre a escravidão", ou "você quer banir os livros sobre escravidão (para que ela volte)", ou "você não quer que se desenvolva empatia com relação a pessoas LGBT" — tudo o que (propositalmente) ofusca o objetivo maior da lição codificada e do programa de reforma do pensamento do qual ela é a segunda parte.

O objetivo por trás da apresentação de materiais codificados e temas geradores é *usar o processo freiriano que se segue*; mas pode ser difícil revelar isso. Esse objetivo oculto é o envolvimento nas etapas seguintes de problematização e decodificação que preparam o aluno para que ele enxergue o conceito gerador através de uma lente marxista ampla. Materiais de aprendizagem codificados podem ser muito sutis: ter predomínio de material político-identitário como currículo, apresentar circunstâncias que "levantem o problema" ou trabalhar descaradamente tópicos políticos em problemas matemáticos. Ou podem ser extremos: empregar *drag queens*, envolver-se em atividades de "afirmação" e "transição social" enquanto os pais não estão presentes, ou tratar de maneira direta de tópicos ligados especificamente a ativismo, o que pode ser particularmente ultrajante e óbvio na educação da sexualidade abrangente. Por exemplo, pode-se fazer isso com o uso do livro *Gender Queer*, que, para mencionar apenas um exemplo explícito, expõe visual e verbalmente a ideia de adolescentes menores de idade explorando o — eu cito aqui — "gosto das suas vaginas" e fazendo sexo oral com brinquedos sexuais.

Falando de maneira clara, quase toda a "competência cultural", o ensino culturalmente relevante" e o ensino culturalmente receptivo, é uma recriação do aspecto da codificação da pedagogia freiriana no sistema "cultural" marxista de identidade. A mesma coisa costuma ocorrer com o comportamento sutil dos "preparadores", como introduzir questões aparentemente comuns a respeito de sexo, gênero e sexualidade a fim de trazer à tona assuntos como homossexualidade, transgênero etc. e então forçar uma discussão sobre essas questões. *Drag Queen Story Hour* se vende assim, e com orgulho.

Mas existem outros exemplos. Vários estados, entre os quais Califórnia, Oregon e Washington, que foram pioneiros nisso, já adotaram explicitamente currículos de "etnomatemática" dentro de um esforço mais abrangente para os estudos étnicos. A etnomatemática quer ensinar algo semelhante a uma antropologia ou História da matemática, abarcando diversos métodos de contagem, geometria e aritmética empregados por grupos culturais étnicos (principalmente indígenas) no mundo inteiro. Como alternativa, pode ensinar que o sistema numérico que utilizamos é árabe e foi inventado na Índia, que os egípcios e babilônios tinham o teorema de Pitágoras antes dos gregos, ou que a álgebra é uma invenção do Oriente Médio (*al-jabr*, literalmente "reunião de partes quebradas", ou seja, o "equilíbrio" dos dois lados de uma equação). Todas essas lições têm o propósito de criar temas geradores transformados em codificações que desafiam e perturbam uma visão "branca, eurocêntrica" da matemática que precisa ser associada a arcos narrativos mais amplos, problematizada e usada como ração para o ativismo "descolonizador" radical antiocidental. O problema que se esconde nas entrelinhas é o fato frustrante de que muitas vezes não há nada de imediatamente errado em tais lições, o que pode ser interessante numa avaliação mais superficial, mas elas estão sendo usadas para o sequestro da matemática com base na codificação freiriana.

Em minha opinião, o principal objetivo da etapa de codificação da educação freiriana é impor o sequestro gerador de outras disciplinas a fim de que se tornem veículos para a conscientização dos alunos em "alfabetização política". Por meio da codificação, uma aula de política pode ser disfarçada como aula de leitura, de redação, de História, de estudos sociais, de ciências ou de matemática. Desse modo, a instrução acadêmica é quase imperceptivelmente convertida em instrução política.

DECODIFICAÇÃO

Se a codificação é o saco de areia que Indiana Jones coloca no pedestal quando tenta roubar o ídolo de ouro em *Os Caçadores da Arca Perdida*, a decodificação é a areia dentro do saco (nesse caso o saco está mesmo é cheio de merda). A codificação, preparada pelo educador com base nos temas geradores, uma vez obtida, é somente a configuração do processo de decodificação. A decodificação é o processo de conscientização, o que equivale a dizer que é a reforma do pensamento. Também é literalmente o local da fase operativa do *roubo da educação* que o método de Freire representa.

O objetivo da codificação é facilitar a sua decodificação (leia-se: treinamento político metodológico, ou reforma do pensamento, para o pensamento marxista; treinamento esse vendido como um meio de aumentar o envolvimento dos alunos e estimulá-los a aprender), que se dá em etapas. É um pouco confuso explicar as etapas da decodificação. Freire relaciona cinco passos, mas na realidade são três passos. O motivo dessa discrepância é que Freire mistura duas decodificações em um único processo, um *político* e outro *linguístico*. A codificação do tema gerador é literalmente uma representação abstrata codificada do tema radicalizador que deve ser decodificado politicamente; em outro sentido, porém, a própria linguagem é uma codificação do significado comunicado pela imagem codificada e pelas circunstâncias que ela representa. Ou seja, a linguagem tem de ser decodificada para que se possa aprender a ler. Esse singelo passe de mágica *é a usurpação freiriana da educação*.

Para resumir antes de ler o próprio Freire, uma vez que a codificação é apresentada, tem início o processo de decodificação como o processo de educação "facilitado". Em primeiro lugar, trabalha-se o significado político da decodificação. Essa decodificação política é feita em três etapas. Depois é apresentada aos alunos (que agora supostamente desejarão aprender a ler) a palavra correspondente ao tema gerador na codificação. Isso dá início a uma decodificação linguística: ligar uma palavra à imagem e então usar essa palavra para ensinar a ler outras palavras (por meio de sílabas, leitura à primeira vista, fonética ou algum outro método), utilizando a primeira palavra como ponto de partida para atrair palavras relacionadas. Para que se tenha uma ideia do funcionamento desse confuso truque, eis aqui uma versão levemente resumida da descrição de Freire retirada de um apêndice técnico do capítulo sete de *Política e educação*. Repare que Freire já configurou a codificação usando como exemplo a palavra favela.

Cinco estágios de decodificação

a. Os sujeitos conhecedores começam a operação de decompor o todo codificado. Isso lhes permite penetrar o todo em função da relação entre as suas partes, que até então os observadores não percebiam.

b. Depois de uma análise completa da situação existencial da favela, estabelece-se a relação semântica entre a palavra geradora e o seu significado.

c. Depois que a palavra é vista na situação, projeta-se outro slide no qual apenas a palavra aparece, sem a imagem da situação: *favela*.

d. A palavra geradora é imediatamente dividida em sílabas: *fa ve la*. A "família" da primeira sílaba é mostrada: *fa, fe, fi, fo, fu*. Confrontados com essa família silábica, os estudantes identificam somente a sílaba *fa*, que eles conhecem pela palavra geradora. Qual é o passo seguinte para um educador que acredita que aprender a ler e escrever é um ato de conhecer (que também sabe que não é, como para Platão, um ato de lembrar o que se esqueceu)? Ele se dá conta de que deve oferecer novas informações aos estudantes, mas também sabe que deve mostrar o material a eles como um problema. (Extrair o conteúdo silábico por meio de perguntas; repita com as outras sílabas, *ve* e *la*.)

e. O educador em seguida pergunta aos aprendizes: Vocês acham que nós podemos (jamais deve dizer "Acham que *vocês* podem") criar algo com esses pedaços?

Esse é o momento decisivo para o aprendizado. É o momento no qual aquele que está aprendendo a ler e a escrever descobre a composição silábica das palavras em sua língua.

Após um instante de silêncio, às vezes desconcertante para o educador inexperiente, um a um os aprendizes começam a descobrir as palavras do seu idioma, juntando as sílabas em diversas combinações (Freire, 1985, p. 92-94).

A PEDAGOGIA DO MARXISMO

Nessa descrição técnica, Freire projeta a decodificação como um processo pelo qual se aprende a ler a palavra apresentada com o conteúdo codificado, descobrindo a palavra a partir do que ela é (uma palavra), do que é composta (sílabas) e deduzindo a ideia de que essas sílabas e outras podem ser arranjadas para gerar outras palavras, supostamente levando os alunos a descobrirem um modo de aprender a ler as sílabas. Com esse processo, ao menos no início da década de 1960, consta que Freire obteve algum sucesso ensinando alguns camponeses a ler com rapidez. Contudo, não é isso que a educação freiriana faz de fato, como vimos no exemplo nigeriano. Essa descrição técnica registra o processo de *aprendizado político* que repetidas vezes Freire diz ser, na verdade, fundamental para todo o seu programa, o mesmo que sabotou potenciais aprendizes na Nigéria.

Toda a decodificação política ocorre no passo (a), segundo o que foi relacionado por Freire, que parece bastante modesto. A decodificação linguística é então mostrada nos passos (b) a (e), mas o truque é que esses passos quase nunca acontecem na sala de aula freiriana. Como mostra o experimento nigeriano e a perda gradual de aprendizado em toda a América confirma, os alunos que passaram por processo de radicalização não têm interesse no aprendizado acadêmico. Eles desejam envolver-se com práxis, que é uma combinação de ativismo no mundo e conscientização de outros alunos (como os grupos de "luta" nos programas de educação maoistas). Desse modo, a educação é roubada e consegue-se a radicalização com muito pouca necessidade de aprendizado acadêmico. Evidentemente, um sintoma claro de semelhante roubo da educação seria uma mudança de dimensão e de prioridade quanto ao rendimento acadêmico, bem parecida com a que constatamos com a aprendizagem socioemocional. O rendimento acadêmico se enfraquece quando colocado numa lista de "competências" sociais e emocionais muito mais longa do que a educação busca alcançar.

Sendo assim, o que acontece no passo (a)? Acontecem os verdadeiros passos da decodificação. Trata-se das três etapas da decodificação política: ler, problematizar e concretizar (ou reidentificar; ou personalizar).

Logo de início, a própria codificação serve para dar ao aprendiz uma "distância crítica" — que é um jogo de palavras — que permite as primeiras etapas da decodificação política. A primeira delas é "ler" (que também é um jogo de palavras — aprender a "ler a sala" enquanto finge aprender a ler). A segunda etapa é a

156

problematização, na qual é revelada a injustiça na leitura política do contexto. Segue-se, por fim, a concretização, etapa na qual o aprendiz é levado a se identificar como sujeito consciente e participante nessas circunstâncias e em seu potencial para mudança. Depois da concretização, pode-se dizer que o aluno foi conscientizado para a lição política relevante e obteve alguma alfabetização política.

"Ler" significa aprender a ver a situação codificada em termos de poder estrutural, um primeiro estágio de conscientização, e problematizar adiciona a crítica marxista dessa suposta dinâmica de poder. É a primeira parte do processo de aprender a enxergar o mundo a partir do "ponto de vista do povo" ou "do lado dos oprimidos". É oferecer um contexto político ao tema gerador. O significado disso é que o aluno está aprendendo a ler o contexto codificado em termos marxistas, o que também é ler a injustiça estrutural nesses contextos.

A estrutura superficial da codificação torna o todo do objeto de ação explícito de uma forma puramente taxonômica. O primeiro estágio da decodificação — ou leitura — é descritivo. Nessa etapa, os "leitores" — ou decodificadores — concentram-se na relação entre as categorias que compõem a codificação. Esse foco inicial na estrutura da superfície é seguido pela "problematização" da situação codificada. Isso leva o aprendiz ao segundo e fundamental estágio de decodificação, a compreensão da estrutura profunda de decodificação. Quando compreende a estrutura profunda da codificação, o aprendiz pode então compreender a dialética que existe entre as categorias apresentadas na estrutura superficial, e também a unidade entre as estruturas superficiais e profundas (Freire, 1985, p. 52).

Aqui, "ler" significa ler a política — através de uma lente marxista — da situação, ponto no qual a problematização pode ser iniciada. Nas prisões chinesas de reforma do pensamento, a "luta" (ocasião em que os companheiros de cela de uma pessoa a "ajudam" a aprender a admitir seus crimes do ponto de vista do povo) era seguida de um "estudo", isto é, o estudo dos textos marxistas que davam contexto ao ponto de vista. Nas salas de aula, essas questões são moldadas em termos de injustiças estruturais, segundo foi descrito por teorias marxistas *woke* como a teoria crítica da raça. A "estrutura profunda" que Freire menciona aqui é sinônimo do "ponto de vista do povo" ou interpretação marxista. Isso exige uma "distância crítica" a partir da qual o tema gerador pode ser lido, o que a codificação proporciona. Essa distância permite que o aluno tenha espaço para criticar o que vê — em nível político, enquanto aprende a ler a estrutura política "real" por trás do que vê. Note que essa visão acerca da leitura é considerada fundamental para a utilidade geradora da *Drag Queen Story Hour*. O artigo *Drag Pedagogy* anteriormente mencionado termina com as seguintes frases sinistras a respeito da sua metodologia:

> Nós nos arrumamos, requebramos os quadris e buscamos a nossa luz — mesmo sob as lâmpadas fluorescentes. Lemos livros enquanto lemos o visual umas das outras, e deixamos um rastro de purpurina que jamais sai do carpete (Keenan; Mess, Keenan, Harper, 2021).

Na verdade, os autores reservam uma seção inteira do artigo a "Lendo a sala: um convite ao desafio estratégico", avaliando que a presença da *drag queen* deve gerar discussões relacionadas à quebra de regras e flexibilização de gênero — um recurso deliberado de "desafio estratégico" contra normas de comportamento e apresentação (tanto literais como "de tendência *queer*"). Essa destruição flagrantemente inadequada de fronteiras é mostrada como uma forma de "ler" a suposta natureza inerentemente política de regras, normas e expectativas e como elas podem limitar as pessoas e o seu modo de viver a vida. Esses autores dedicam ainda toda uma seção ao tópico "modos alternativos de parentesco", algo que posteriormente é descrito como "família amiga", um "código *queer*" para a chamada "família" *queer* na rua. Esse modo de aprender a "ler" deveria ser considerado aliciamento intencional e transparente — mas não é. Isso prova o poder do método de "temas geradores" e da "codificação" para camuflar as verdadeiras e malignas intenções e finalidades de uma educação sequestrada.

Evidentemente, esse é o tipo de "leitura" que um programa de alfabetização freiriano ensina em vez da leitura real. O que veremos em seguida é o que Freire chama de estágio crucial no processo de decodificação (política): "problematização". Isso se aplica a toda e qualquer coisa (opressão) que tenha agora se tornado visível para o aprendiz por meio da "leitura" da apresentação codificada como indicativa de um fenômeno de poder estrutural ("as regras não são tediosas e cansativas? Os outros adultos, como os seus pais, simplesmente não querem que vocês sejam iguais a eles...", sussurra a serpente *drag* para um jardim de infância hipotético que chamaremos de Eva). Onde a codificação é a preparação e a leitura é a iniciação, problematizar é puro marxismo.

Na prática que nós defendemos, as palavras geradoras — as palavras do povo — são empregadas em situações realistas ("codificações") como desafios que pedem respostas dos aprendizes analfabetos. "Problematizar" a palavra que vem do povo significa problematizar o elemento temático ao qual ela diz respeito. Isso envolve obrigatoriamente uma análise da realidade. E a realidade se revela quando nós ultrapassamos o conhecimento puramente sensível e alcançamos as razões por trás dos fatos. Aprendizes analfabetos começam aos poucos a compreender que, como seres humanos, falar não é o mesmo que "pronunciar uma palavra" (Freire, 1985, p. 13).

Essa "realidade" e as "razões por trás dos fatos" obviamente dizem respeito a uma análise marxista da circunstância apresentada na codificação. "Essa mudança de percepção, que acontece na 'problematização' de uma realidade conflituosa, quando vemos os problemas da nossa vida em seu real contexto, exige que confrontemos novamente a nossa realidade", Freire escreve. Assim sendo, em outras palavras a problematização é, na verdade, um processo que traz uma análise marxista para a abordagem da situação codificada. Nesse estágio, o aluno é ensinado a criticar as injustiças realçadas e qualquer suposta dinâmica de poder que gere essas injustiças como fenômenos estruturais, que é o significado almejado de "crítico" em questão — a "crítica implacável de Marx a tudo o que existe". Não é o pensamento crítico que ele simula para ser considerado aceitável pelos administradores que o implementam.

Para não haver confusão, essas duas abordagens "críticas" são totalmente diferentes, e os pedagogos críticos estão propositalmente jogando com um equívoco quanto à palavra "crítico". Esse fato se mostra perfeitamente evidente em uma explicação dada com grande clareza por outra teórica da educação, Alison Bailey (peço que o leitor me desculpe pela longa citação, mas ela é extremamente esclarecedora).

Os filósofos da educação fazem há muito tempo a distinção entre pensamento crítico e pedagogia crítica. As duas literaturas apelam para o valor de ser "crítico" no sentido de que os instrutores devem cultivar nos estudantes uma abordagem mais cautelosa para aceitar crenças comuns ao pé da letra. Ambas as tradições compartilham a preocupação de que os alunos não costumam ser capazes de reconhecer afirmações equivocadas, enganosas, incompletas ou gritantemente falsas. Elas compartilham igualmente a sensação de que aprender um conjunto particular de habilidades críticas tem um efeito disciplinante, humanizador e libertador. As tradições, entretanto, são discordantes quanto à sua definição de "crítico". A tradição do pensamento crítico preocupa-se sobretudo com a adequação epistêmica. Ser crítico é demonstrar bom discernimento, reconhecendo quando os argumentos são falhos, as afirmações carecem de evidências, a pretensão de verdade recorre a fontes não confiáveis ou os conceitos são elaborados e aplicados negligentemente. Para pensadores críticos, o problema é que as pessoas não se saem bem ao "examinar as suposições, os compromissos e a lógica do cotidiano... O problema básico é uma vida irracional, ilógica e que não foi examinada". Nessa tradição, reivindicações descuidadas podem ser identificadas e corrigidas aprendendo-se a aplicar de maneira correta as ferramentas da lógica forma e informal.

A pedagogia crítica tem como ponto de partida um conjunto diferente de pressupostos arraigados na literatura neomarxista sobre a teoria crítica geralmente associada à Escola de Frankfurt. Aqui, o aprendiz crítico é alguém que está empoderado e motivado para exigir justiça e emancipação. A pedagogia crítica respeita as reivindicações que os estudantes fazem em resposta a questões relacionadas à justiça social, não como proposições a serem avaliadas por seu valor como expressão da verdade, mas como manifestações de poder que funcionam para confirmar e perpetuar as desigualdades sociais. Sua missão é ensinar aos estudantes maneiras de identificar e mapear como o poder molda o nosso entendimento do mundo. Esse é o passo inicial para resistir e transformar as injustiças sociais. Quando questiona a política de produção de conhecimento, essa tradição também questiona os usos dos instrumentos de pensamento crítico aceitos para estabelecer a adequação epistêmica. Ampliando a metáfora clássica de Audre Lorde, os instrumentos da tradição do pensamento crítico (por exemplo, veracidade, profundidade, clareza conceitual) não podem pôr abaixo a casa do mestre: eles podem superar temporariamente o mestre em seu próprio jogo, mas jamais conseguirão produzir nenhuma mudança estrutural duradoura. Eles falham porque os instrumentos do pensador crítico costumam ser aplicados em conjunturas específicas, em ocasiões específicas para reafirmação do poder: os adeptos dos instrumentos costumam usá-los para restabelecer uma ordem que assegure o seu conforto. Eles podem ser aplicados habitualmente para defender nossos terrenos epistêmicos (Bailey, 2017, p. 881-882).

É claro que o método ao qual Freire se refere várias vezes como "o método que defendemos" é exatamente essa pedagogia crítica. Além de não priorizarem o ensino de habilidades de pensamento crítico, as escolas freirianas (onde seus filhos provavelmente estudam) consideram essas habilidades como parte de um amplo programa destinado a marginalizar outras formas de conhecimento (um programa chamado marxismo) e preservar o controle de certos grupos privilegiados. Foi precisamente com base nesse pressuposto que Freire marxificou a educação, para que possamos nos dar conta de que as "outras formas de conhecimento" existentes são justamente as "facilitadas" para os alunos pelo método freiriano de codificação e decodificação. Como vimos no capítulo dos temas geradores, isso torna claro o que busca de fato o programa de "descolonização do currículo" quando enfatiza "outras formas de saber": substituir o currículo e os materiais curriculares vigentes por materiais que tragam ou produzam a codificação freiriana para um programa educacional marxista de reforma do pensamento.

Mais uma vez, na sala de aula moderna, esse processo de leitura e de problematização pode ser muito discreto ou muito aberto. Nos aspectos mais discretos do processo de problematização, perguntarão aos estudantes como os personagens das histórias relevantes devem se sentir em situações de (digamos) escravidão ou segregação, e depois cuidarão para que os estudantes associem essas circunstâncias a supostas estruturas sociais de autopreservação. Eles serão conduzidos, ou preparados, para suspeitar de problemas em toda e qualquer situação e para associá-los à dinâmica injusta de poder que o educador crítico os prepara para ver em praticamente todas as circunstâncias como uma questão de gerar "alfabetização política" ou, numa linguagem mais atual, "alfabetização racial" ou "competência cultural". A ênfase nos sentimentos nessa abordagem também tem origem em Freire: "Durante a discussão de uma situação problemática — como codificação — os educadores devem pedir aos camponeses que escrevam as suas reações (uma frase simples ou algo do tipo) primeiramente no quadro-negro e depois em uma folha de papel" (*Política e educação*). Nesse caso, esses sentimentos serão ligados à "branquitude" e à "supremacia branca", sendo então decodificados mediante uma doutrina de racismo sistêmico que acabará elevando a consciência crítica racial no estudante "aprendiz" instruído na teoria crítica da raça.

Desse modo, nós vemos mais uma ligação com a pedagogia freiriana nas aplicações atuais da aprendizagem socioemocional, que é especialmente adaptada para facilitar esse processo. Em nenhum lugar isso é mais verdadeiro do que com a corrente atualmente predominante, a "ASE transformadora" (explicitamente marxista), promovida, por exemplo, pelo CASEL (*Collaborative for Academic, Social and Emotional Learning*) [Cooperação para a Aprendizagem Acadêmica, Social e Emocional]. Uma aula nos moldes da ASE pedirá às crianças que identifiquem como as pessoas na codificação se sentem quanto às injustiças no âmbito do desenvolvimento da "consciência social", por exemplo. Em casos mais palpáveis, os estudantes criticarão o que estiver errado — ou serão criticados — na situação em termos duros e inflexíveis sobre o racismo, o sexismo ou outras injustiças que constroem o que é mostrado nos materiais codificados do curso.

Por fim, uma vez que a codificação abstrata foi "lida" mediante a alfabetização política marxista (poder estrutural injusto) e encontrou o seu antagonista por meio da problematização, o papel do educador freiriano é terminar de "decodificar" a codificação; em outras palavras, ele a conectará à experiência real ou às "realidades vividas" dos alunos. Isso concretiza a lavagem cerebral. "O objetivo da decodificação é alcançar o nível crítico de conhecimento, iniciando com a experiência da situação que o aluno viveu no "contexto real" (*Política e educação*). Freire não deixa dúvidas a respeito do significado disso: "Enquanto toma parte com o educador na 'decodificação' de uma codificação, os camponeses analisam a sua realidade, e expressam em seu discurso níveis de verem a si mesmos em relação a uma situação objetiva". A mensagem na decodificação é: "Você é que foi apresentado nessa codificação, que agora você entende que é bastante problemática (em termos marxistas)". Isso, Freire nos diz, torna o contexto político (opressão ou cumplicidade na opressão) "concreto" para o aluno e é um passo essencial em sua meta pedagógica crucial de despertar uma consciência crítica (marxista) no aluno e dar a isso o nome de "alfabetização" verdadeira.

Na prática, a mensagem frequentemente transmitida às crianças é: "Pessoas que se parecem fizeram x, ou fizeram y com elas, porque a sociedade é mesmo organizada dessa maneira". Essa parte do processo envolve mais "preparação" do aluno por parte do educador (facilitador), porque o leva a compreender a si mesmo com base na concepção política do educador. O objetivo dessa parte do processo é despertar a consciência crítica que permite ao aluno ver-se como parte integrante da abrangente dinâmica estrutural opressor/oprimido da sociedade, e dar-se conta do seu papel na meta de mudar a sociedade para dar fim a essa dinâmica completamente. Isto é, busca-se produzir uma consciência claramente marxista de qualquer estrutura de poder à qual o educador dê destaque em determinado momento, seja raça, sexo, gênero, sexualidade, classe ou qualquer outra coisa.

O resultado da fase de concretização é que a análise marxista apresentada nos passos anteriores ganha ares de realidade e personalização. Freire afirma que isso incentivará os alunos a buscarem aprender ainda mais em razão da relevância da injustiça das "realidades concretas" da sua situação. Mas não é o que acontece. Na verdade, o que se conquista com isso é o que Freire diz repetidamente que deve ser o objetivo a ser conquistado em primeiro lugar: a práxis consciente. Ocorre que o significado da práxis consciente é tornar-se um ativista marxista. O aprendizado é substituído por programação e ativação política — ou seja, exatamente o que vemos acontecer em Providence, Rhode Island.

O PROCESSO DE LAVAGEM CEREBRAL FREIREANO

A abordagem de codificação e decodificação é, portanto, uma maneira de começar com um conceito gerador e conduzir os alunos preparando-os por meio de um processo intencional de despertar político — incluindo a necessidade de solidariedade de classe/grupo e ativismo social (a fim de se tornarem "agentes de mudança"). Trata-se de uma tentativa deliberada de usar instrumentos como a aprendizagem socioemocional (transformadora), competência cultural e ensino culturalmente relevante para despertar uma consciência crítica (identidade marxista) nos estudantes, não raro sacrificando o aprendizado do tópico subjacente em razão de propósitos e compromissos pedagógicos inapropriados. Cada um desses domínios deixa bastante claro, na escrita acadêmica moderna, que um de seus objetivos é despertar uma consciência crítica nos estudantes, e que isso significa conseguir que esses alunos estudem não os conteúdos do curso em termos acadêmicos, mas, em vez disso, o poder e a dinâmica do poder localizados dentro desses conteúdos. Isso não é apenas um exagero: é uma declaração mais que evidente acerca do seu propósito.

Nos dias de hoje, na prática, a aprendizagem socioemocional transformadora está quase certamente no centro desse processo de associar aos próprios alunos os sentimentos evocados nas fases iniciais do método. Trata-se portanto de uma pedagogia freiriana, sem dúvida; ou seja, uma reforma marxista do pensamento. Em *The Handbook of Social and Emotional Learning: Research and Practice* [O manual de aprendizagem socioemocional: pesquisa e prática] (2015), a influente ativista educacional Linda Darling-Hammond afirma que isso é o que acontece *claramente*. Ela escreve: "Esse esforço [ASE] inclui a humanização das instituições escolares", algo que ela explica da seguinte maneira:

> Como Paulo Freire explicou, a humanização é "o processo de tornar-se mais completamente humano como pessoas sociais, históricas, pensantes, comunicativas, transformadoras e criativas, que participam no mundo e com o mundo". Ele argumentou que os educadores devem "ouvir seus alunos e desenvolver os seus conhecimentos e as suas experiências a fim de se envolverem em abordagens educacionais personalizadas que favoreçam as metas de humanização e de transformação". De fato, é isso que vemos nas escolas que embarcam com êxito na jornada de se tornarem educativas do ponto de vista social e emocional (Darling-Hammong, 2015, p. xii).

Mais uma vez, o propósito de submeter os alunos a esse processo de conscientização é ensiná-los a denunciar o mundo existente enquanto anunciam a possibilidade de um mundo novo. Acredita-se que isso seja possível apenas na condição de conscientizado. O processo de codificação/decodificação treina o aluno para que ele faça isso, ao mesmo tempo que o conduz a uma reforma de pensamento que o ajuda a "renascer do lado do oprimido" (ou seja, adotar "o ponto de vista do povo"). Primeiro, os alunos se distanciam do contexto de suas vidas para que possam criticá-lo. Então eles leem e problematizam (denúncia).

Se for feito com base na consciência crítica, portanto "corretamente" do ponto de vista do oprimido, isso anuncia simultaneamente uma nova organização para o mundo — especificamente uma organização em que a referida "problemática" é considerada ruim e evitada (quase nunca há mais detalhes disponíveis). Desse modo, com essa lavagem cerebral, os alunos se dão conta do poder de suas palavras e aprendem a "dizer a palavra para proclamar o mundo", denunciando o que é e implicitamente anunciando o que poderia ser.

O MODELO DIALÓGICO E A SALA DE AULA IGUALITÁRIA

O componente final do modelo freiriano de educação talvez seja o mais conhecido: é o chamado "modelo dialógico" de educação. Afirmando que Platão e Sócrates erraram porque não usaram esse modelo para aumentar a consciência crítica, Freire insiste que a educação verdadeira e apropriada deve ser "dialógica", isto é, obtida por meio de diálogo entre "educadores e aprendizes como iguais". Em parte é por isso que Freire insiste (às vezes) na mudança linguística de "professores e alunos" para "educadores e aprendizes". Como observamos anteriormente, o papel do "educador" é em grande parte o de um facilitador, mas essa relação "dialógica" deve também levar em consideração os alunos como conhecedores aceitáveis por direito próprio (esse esquema vem principalmente de *Política e educação*; em seu primeiro e mais conhecido trabalho, *Pedagogia do oprimido*, Freire simplesmente usa hífen para indicar um novo conceito combinado dialeticamente: "professor-alunos" e "aluno-professores").

Existe uma explicação teórica marxista profunda para essa mudança, que podemos resumir dizendo que Freire acredita que a relação hierárquica (de conhecimento, poder etc.) entre professores e alunos reproduz uma dinâmica de poder que "domestica" os estudantes e faz deles objetos de um processo educacional, não sujeitos da aprendizagem. Há professores que supostamente são conhecedores e estudantes que supostamente não são conhecedores separados pela estratificação da sociedade em torno de uma dinâmica de poder estrutural gerada pelo significado de "saber". Como resultado, esse modelo hierárquico é planejado para que o professor ensine o conhecimento institucionalizado ao aluno, que espera aprendê-lo. Os pedagogos críticos acreditam que todas as formas de educação (menos a abordagem "libertária" de Freire) *reproduzem* essa dinâmica, mantendo, desse modo, o mal intrinsecamente opressor da sociedade. Já que o professor ou os administradores do sistema vigente são encarregados de definir o currículo, eles farão isso de maneira sorrateira, e se beneficiarão mantendo o currículo como está. Dizer ao aluno que isso ampliará as possibilidades de sua carreira e melhorará sua vida é uma mistificação ideológica do processo educacional, de acordo com Freire, porque isso só é verdade dentro do sistema mantido pelas suposições ideológicas com base nas quais a sociedade funciona.

A PEDAGOGIA FREIRIANA IMPLICA UM CONCEITO DE HOMEM E DE MUNDO

Freire deseja destruir esse sistema. Assim sendo, ele baseia a sua abordagem alternativa na crença marxista subjacente de que o homem é essencialmente o seu próprio criador e se dá conta de que (1) percebendo a sua própria consciência subjetiva, (2) percebendo que pode imaginar algo que queira criar no mundo, (3) pode tornar essa coisa um objeto no mundo, e (4) ver a si mesmo, na condição de criador, no objeto que criou com base em sua perspectiva subjetiva. Para Freire, assim como para Marx, não somente as coisas, mas também a sociedade, as outras pessoas e o próprio homem são os objetos dessa relação sujeito-objeto que começa quando uma pessoa percebe a si mesma como sujeito conhecedor e criativo. Freire escreve:

A experiência nos ensina a não presumir que o óbvio é compreendido com clareza. O mesmo serve para o truísmo com o qual começamos: toda prática educacional implica um posicionamento teórico da parte do educador. Por sua vez, esse posicionamento implica — às vezes mais explicitamente, às vezes menos — uma interpretação do homem e do mundo. Não poderia ser diferente. O processo de orientação do homem no mundo não envolve somente a associação de imagens sensoriais, como no caso dos animais. Envolve principalmente pensamento-linguagem, isto é, a possibilidade do ato de conhecer por meio da práxis, através da qual o homem transforma a realidade. Para o homem, esse processo de orientar-se no mundo não pode ser entendido como um evento puramente subjetivo, nem como objetivo ou mecanicista, mas apenas como um evento no qual a subjetividade e a objetividade se encontram unidas. Assim entendida, a orientação no mundo traz a questão dos propósitos da ação no nível da percepção crítica da realidade.

Se para os animais orientar-se no mundo significa adaptar-se a ele, para o homem, significa humanizar o mundo transformando-o. Não existe senso histórico para os animais, nem opções ou valores em sua orientação no mundo; para o ser humano existe uma dimensão histórica e também uma dimensão de valor. Os homens têm a noção de "projeto", o que contrasta com as rotinas instintivas dos animais (Freire, 1985, p. 43-44).

Do ponto de vista de Freire, só se pode empregar plenamente esse processo na educação se os "educadores" e os "aprendizes" estiverem em um diálogo "autêntico", como "iguais" a respeito das condições "reais" das suas vidas, pelo que se entende a interpretação marxista delas, como já discutimos demoradamente mais atrás. Por meio desse diálogo, os "aprendizes" podem partilhar seu "conhecimento" acerca das condições das suas vidas com os "educadores", que então usarão essas informações para identificar temas geradores ("responsividade cultural") que podem ser reapresentados ao "aprendiz" de forma codificada para que o processo de conscientização se realize.

É preciso observar, então, que a abordagem dialógica não é uma etapa do programa educacional de Freire. É um método que impregna todas as suas etapas. No estágio inicial, o diálogo é empregado como uma das ferramentas para coletar dados dos estudantes a fim de descobrir os seus temas geradores (e ao mesmo tempo conquistar a confiança deles). É isso que depois educador e aluno retomam *juntos* no estágio de decodificação. Lembre-se do capítulo anterior, em que Freire disse que a codificação é abstrata tanto para o educador como para o aluno, e que buscam descobrir juntos, no diálogo, o seu verdadeiro significado. A decodificação — ler, problematizar e finalmente identificar e conscientizar — é um processo realizado mediante o diálogo, particularmente o diálogo relacionado ao contexto político apresentado sob o disfarce de alguma outra lição acadêmica. Se o processo de fato avançasse ao aprendizado do material acadêmico relevante, no entender de Freire isso também seria feito "dialogicamente" e "como iguais".

UM DIÁLOGO SOBRE COISA NENHUMA

Não existe nada que automaticamente torne a abordagem dialógica da educação obrigatória e inerentemente pior do que uma abordagem de sala de aula tradicional ou do que outras abordagens. Essa é uma questão empírica e contextual que poderia ser examinada numa conjuntura responsável. Mas, além de empregar de modo impróprio a sua abordagem, Freire erra desastrosamente quando afirma que todas as outras abordagens são terríveis principalmente por razões marxistas. Assim, embora a abordagem dialógica possa ou não ter utilidade ou mérito em alguns ou em muitos contextos educacionais, Freire não admite isso. Todas as outras abordagens são modelos "domesticadores" que fracassam em seu plano de educar genuinamente o aluno.

Para lançar esse método dialógico, Freire descaracteriza as abordagens pedagógicas tradicionais de duas maneiras, uma das quais ele mesmo inventou: o "modelo bancário", que é o seu, e o "modelo nutricionista", que ele toma de empréstimo do filósofo existencialista (e marxista) Jean-Paul Sartre. Esses são basicamente o mesmo espantalho da teoria e da prática educacional. São muito mais traiçoeiros do que parecem. Ambos operam, segundo Freire, com base na crença implícita do educador de que o aluno é "vazio" e tem de ser enchido ou nutrido com conhecimento a fim de se tornar um conhecedor, em vez de ser considerado um conhecedor por mérito próprio — pelo reconhecimento de seus saberes (principalmente das experiências que viveu[17]) e de seus "modos de saber" como válidos, tão válidos quanto (se não superiores) o conhecimento "educacional formal" e a epistemologia rigorosa. Aqui, ser um "conhecedor" deve ser entendido como equivalente à "permissão para ser" ou a ser totalmente "humano", tal como propõe Karl Marx, por meio da pedagogia marxista de Freire.

> Essa concepção "nutricionista" do saber, tão comum na prática educacional vigente, aparece de modo bastante claro nas [formas de educação em que os currículos são impostos]. Os analfabetos são considerados "subnutridos", não no sentido literal (embora muitos deles o sejam, de fato, nesse sentido), mas por faltar a eles o "pão do espírito". Em conformidade com o conceito de conhecimento como alimento, o analfabetismo é concebido como uma "erva venenosa", que intoxica e enfraquece as pessoas que não sabem ler nem escrever. Desse

modo, muito se fala a respeito da "erradicação" do analfabetismo para curar a doença. Assim, destituídas da sua condição de signos linguísticos constitutivos do pensamento-linguagem do homem, as palavras são transformadas em meros "depósitos de vocabulário" — o pão do espírito que os analfabetos devem "comer" e "digerir (Freire, 1985, p. 45).

No "modelo bancário" de educação, que é basicamente o mesmo, Freire alega que educadores e pedagogos, e consequentemente também estudantes, veem as pessoas sem instrução ou analfabetas como caixas de depósito bancárias vazias a serem enchidas pelo professor com uma espécie de capital baseado no conhecimento.

A narração (com o professor como narrador) leva os estudantes a memorizarem mecanicamente o conteúdo narrado. Pior ainda: transforma-os em "recipientes", em "receptáculos" a serem "preenchidos" pelo professor. Quanto mais completamente o professor preenche os receptáculos, melhor professor ele é. E quanto mais docilmente os receptáculos se deixam preencher, melhores estudantes eles são.

Desse modo, a educação se torna um ato de depositar, no qual os estudantes são os locais de depósito e o professor é o depositante. Em vez de comunicar, o professor distribui comunicados e faz depósitos que são pacientemente recebidos, memorizados e repetidos pelos estudantes. Esse é o conceito "bancário" de educação, em que a esfera de ação permitida aos estudantes se resume somente a recebimento, arquivamento e armazenamento dos depósitos. É bem verdade que eles têm a oportunidade de se tornarem colecionadores ou organizadores das coisas que armazenam. Em última análise, porém, as próprias pessoas é que são arquivadas em decorrência da falta de criatividade, de transformação e de conhecimento neste que é (quando muito) um sistema equivocado. Porque longe da investigação, longe da práxis, os indivíduos não podem ser autenticamente humanos. O conhecimento surge apenas através da invenção e da reinvenção, através da investigação inquieta, impaciente, incessante e esperançosa que os seres humanos perseguem no mundo, com o mundo e uns com os outros (Freire, 1968, p. 71-72).

O MODELO DIALÓGICO E A SALA DE AULA IGUALITÁRIA

Para Freire, um "modelo bancário" de educação — o que significa *qualquer* abordagem educacional que não seja dialógica em termos freirianos — *rouba das pessoas o que faz delas genuinamente humanas*, que é reconhecerem a si mesmas como conhecedoras que podem usar o seu conhecimento (político) para transformar o mundo. O modelo bancário também não pode fazer o trabalho realmente necessário de educação, que é conscientizar os alunos para que se tornem ativistas marxistas e transformem o mundo exatamente dessa maneira.

Mudar o mundo através do trabalho, "proclamar" o mundo, expressá-lo e expressar a si mesmo são qualidades exclusivas dos seres humanos. Em qualquer nível, a educação será mais gratificante se estimular o desenvolvimento dessa necessidade radical e humana de expressão.

Isso é exatamente o que a "educação bancária" (como eu a chamo, às vezes) não faz. Na educação bancária, o educador substitui a autoexpressão por um "depósito" sobre o qual se espera que o estudante "capitalize". Quanto mais eficiente for o estudante na realização dessa tarefa, mais bem-sucedida será considerada a sua educação (Freire, 1985, p. 21).

Freire afirma — e é importante entender essas suas afirmações — que os professores que utilizam qualquer método que não seja o dele pensam da seguinte maneira sobre os seus alunos e o objetivo da educação: eles sabem alguma coisa, e os alunos não; e é seu trabalho depositar conhecimento em suas contas bancárias vazias. Lê-se na *Pedagogia do oprimido*: "No conceito bancário de educação, conhecimento é um presente que aqueles que se consideram conhecedores oferecem aos que acreditam que nada sabem". De acordo com Freire, então, espera-se que os estudantes "capitalizem" sobre esses depósitos tornando-se membros produtivos do sistema econômico e social que valoriza a "educação formal" e a considera necessária para a sua própria (dos burgueses) manutenção. Em consequência disso, quando o processo de educar fracassa em produzir uma pessoa bem-sucedida para a elite, os privilegiados podem alegar que a culpa é de alguma forma do aluno, não do professor, do sistema nem das coisas supostamente falsas que são consideradas conhecimento. O aluno que não obteve êxito pode ser tachado de preguiçoso, estúpido ou deficiente — palavra que originou outro termo comum nos programas de educação freirianos dos dias atuais, o *modelo de déficit*, que explica as falhas do aluno em função de determinados déficits, como uma vida familiar estável ou as condições da vizinhança. O "modelo nutricionista" de educação é aproximadamente a mesma coisa; apenas substitui-se a analogia de depósitos bancários por comida e bebida para nutrir uma pessoa e fazer dela um membro totalmente capaz da sociedade (o que Freire considera ruim, não se esqueça, porque leva à reprodução e à falsa legitimação do sistema vigente).

O "modelo bancário" de educação é evidentemente um espantalho marxista da educação, da mesma maneira que a ideia de "capitalismo" de Marx é um espantalho de economias de mercado dentro de repúblicas políticas — com uma importante diferença: enquanto Marx simplesmente iludiu as economias de mercado, Freire na verdade manobrou um antigo tropeço educacional coletivista: o modelo prussiano de educação ("escola"), que comunistas e progressistas exportaram (com sua própria distorção) pelo mundo. Em outras palavras, quando Freire acusa os modelos predominantes de educação de serem "domesticadores" e sugere que eles doutrinam em lugar de realmente educarem, ele não está de todo errado, mas deixa passar o ponto crucial. Quando faz isso, como um marxista gnóstico, ele é capaz de usar esse fracasso coletivista antigo para insistir que todos os métodos de educação malogram da mesma maneira, *a não ser o dele*. O "modelo bancário" de educação é o nome para essa distorção, que Freire usou com êxito para caracterizar todas as formas de educação que realmente ensinaram algo aos estudantes.

TODOS JUNTOS SEM APRENDEREM NADA

Em oposição a esse fértil espantalho, Freire propõe o seu "modelo dialógico". Esse conceito é tão importante no programa educacional de Freire que, para detalhá-lo, usa dois dos quatro capítulos de *Pedagogia do oprimido*. Mesmo assim, como ocorre com muitos temas e assuntos, ele é bem mais claro em *Política e educação*:

> Talvez, algumas de nossas afirmações pareçam defender o princípio de que, seja qual for o nível dos aprendizes, eles devem reconstruir o processo de conhecimento humano em termos absolutos. De fato, quando levamos em consideração a alfabetização de adultos ou a educação de maneira geral como um ato de

conhecer, nós estamos defendendo uma síntese entre o conhecimento sistematizado ao máximo do educador e o conhecimento minimamente sistematizado do aluno — uma síntese obtida no diálogo. O educador tem a função de propor problemas relacionados a situações existenciais codificadas, a fim de ajudar os alunos a alcançarem uma visão cada vez mais crítica da sua realidade. A responsabilidade do educador conforme o que expressa essa filosofia é, portanto, maior (em todos os sentidos) do que a responsabilidade de seu colega cujo dever é transmitir informações que os alunos memorizam. Educadores desse tipo podem apenas repetir o que leram, e, muitas vezes, entenderam mal, pois para eles a educação não representa um ato de conhecimento.

Por outro lado, o primeiro tipo de educador é um sujeito conhecedor, face a face com outros sujeitos conhecedores. Ele não pode nunca ser apenas um memorizador, mas sim alguém que reajusta o seu conhecimento constantemente e que desperta o conhecimento dos seus alunos. Para ele, a educação é uma pedagogia do conhecimento. É antidialógico o educador cuja abordagem é mera memorização; ele transmite conhecimento de modo inalterável. Já para o educador que experimenta o ato de conhecer junto de seus alunos, o diálogo é o símbolo desse ato. Porém ele tem consciência de que nem todo diálogo é, em si mesmo, a marca de uma relação de conhecimento verdadeiro (Freire, 1985, p. 54-55).

Para Freire, portanto, só pode ser considerado um verdadeiro "educador" o professor que se envolve em um diálogo autêntico com os seus alunos. Ele não pode meramente ater-se ao currículo, porque há uma enorme chance de que ele nem mesmo entenda que está somente repetindo a mistificação ideológica da sociedade como se fosse educação. O objetivo da educação tem de ser crítico, como na teoria crítica, e só se consegue isso "dialogicamente". Caso contrário, tudo o que ocorre não passa de transferência de informações, que na melhor das hipóteses é vazia e desprovida de sentido, e na pior, um meio para manter um sistema opressor. Para que o modelo dialógico se estabeleça, é preciso romper a hierarquia entre professores e alunos, como já vimos anteriormente.

A educação libertadora reside em atos de cognição, não em transferência de informação. É uma situação de aprendizagem na qual o objeto cognoscível (longe de ser o fim do ato cognitivo) intermedeia os atores cognitivos — professor de

A PEDAGOGIA DO MARXISMO

um lado e estudantes do outro. Em consequência disso, a prática da educação baseada na problematização sugere desde o início que se dê uma solução à contradição professor-aluno. Sem isso, as relações dialógicas — vitais para a capacidade dos atores cognitivos de colaborar em perceber o mesmo objeto cognoscível — são impossíveis (Freire, 1968, p. 79-80).

Freire nos diz que se a educação não acontecer dessa maneira — da maneira dele — o professor acabará impondo autoridade em lugar de administrar uma sala de aula "democrática" na qual todos juntos são aprendizes. Isso levará o professor ao "modelo bancário" de educação, que por sua vez não somente oprimirá os alunos de modo direto como também os levará a conservar a cultura vigente e o que ela considera que seja conhecimento, em vez de se tornarem revolucionários marxistas em busca da libertação e da humanização.

O conceito bancário (com sua tendência a dicotomizar tudo) reconhece duas etapas na ação do educador. Na primeira etapa, o educador toma ciência de um objeto cognoscível enquanto prepara as suas aulas em seu escritório ou em seu laboratório. Na segunda etapa, ele explica esse objeto aos seus alunos. Os alunos não são convidados a saber, mas sim a memorizar os conteúdos narrados pelo professor. Os estudantes tampouco praticam algum ato de cognição, já que o objeto ao qual esse ato deve ser direcionado é propriedade do professor e não um meio que suscita a reflexão crítica dele e também dos alunos. Sendo assim, em nome da "preservação da cultura e do conhecimento", temos um sistema que não dá acesso nem ao verdadeiro conhecimento nem à verdadeira cultura (Freire, 1968, p. 80).

Em lugar disso, Freire recomenda o seu modelo dialógico, que, como ele insiste em afirmar, supera a "contradição" entre professor e aluno reorientando-os como "educador" e "aprendizes" que são "sujeitos igualmente conhecedores". O papel do "educador" como um facilitador para a conscientização é então esclarecido, e seu papel será "revelar a realidade" conforme a interpretam os marxistas. O papel do aluno é engajar-se nesse processo amplamente, de maneira a proporcionar os temas e conceitos geradores que serão usados para adequar o programa de reforma do pensamento do "educador" especificamente ao contexto das vidas dos alunos.

TODOS JUNTOS TORNANDO-SE COLETIVISTAS

Essa característica do modelo de educação de Freire dá total sentido às pesquisas de coleta de dados oferecidas por meio de programas de aprendizagem socioemocional transformadora. Esses programas fornecem os parâmetros pelos quais o educador marxista pode elaborar um programa de reforma do pensamento perfeitamente adequado de uma maneira, por assim dizer, "culturalmente relevante".

O processo de alfabetização de adultos como ato de conhecer implica a existência de dois contextos inter-relacionados. O primeiro é o contexto do diálogo autêntico entre alunos e educadores como sujeitos igualmente conhecedores. Isso é o que as escolas deveriam ser — o contexto teórico do diálogo. O segundo contexto é o real, o contexto dos fatos concretos, a realidade social na qual os homens existem.

No contexto teórico do diálogo, são criticamente analisados os fatos apresentados pelo contexto real ou concreto. Essa análise envolve o exercício da abstração, pela qual, mediante representações da realidade concreta, nós buscamos conhecer essa realidade. O instrumento dessa abstração em nossa metodologia é a codificação, isto é, a representação das situações existenciais dos aprendizes (Freire, 1985, p. 51).

Para Freire, nenhuma outra forma de educação tem possibilidade de funcionar a não ser por meio do que ele considera "diálogo autêntico", no qual os "aprendizes" têm seus dados coletados (mediante métodos mais ou menos sofisticados) para gerarem contextos e temas com a finalidade de produzir codificações a serem ajustadas para o pensamento marxista acerca das condições das suas próprias vidas através de mais diálogo ("conversas corajosas", talvez, ou então o que os comunistas chineses chamavam de "luta"). Nenhuma outra abordagem à educação faz sentido, e isso na melhor das hipóteses.

Para ser um ato de conhecimento, o processo de alfabetização de adultos exige que haja, entre professores e alunos, uma relação de autêntico diálogo. O diálogo verdadeiro une os sujeitos na cognição de um objeto cognoscível, que faz mediação entre eles. Se aprender a ler e escrever deve equivaler a um ato de conhecer, os aprendizes devem adotar desde o início o papel de sujeitos criativos. Não é questão de memorizar e repetir determinadas sílabas, palavras e frases, mas de refletir de maneira crítica sobre o próprio processo de ler e escrever e sobre o significado profundo da linguagem (Freire, 1985, p. 49-50).

O modelo dialógico é baseado no pressuposto de que os alunos já são conhecedores, e que seriam reconhecidos como conhecedores se a dinâmica de poder vigente e o modelo "messiânico" da educação tradicional os vissem somente pelo que são. Os conhecimentos que eles possuem e as formas de saber (epistemologias populares) de que se valem são no mínimo tão aceitáveis quanto os empregados pela "educação formal" e pelos pesquisadores. Na verdade, é provável que sejam até mais aceitáveis em virtude da crença marxista latente de que o sujeito oprimido compreende a opressão (e uma vez despertado para uma consciência marxista, compreende a natureza da sociedade opressiva) melhor do que os que são privilegiados por ela, se não for o único a compreendê-la.

Freire não mede palavras quanto ao propósito do seu método. Ele diz sem rodeios que o objetivo da educação dialógica é ser — ou se tornar — revolucionário. Na realidade ele diz isso repetidas vezes na *Pedagogia do oprimido*, e o faz diretamente e não só por meio de referências à "educação libertadora" ou à "educação para a liberdade", que têm o mesmo significado. Com efeito, ele afirma que o objetivo da abordagem dialógica é estabelecer e perpetuar a "revolução cultural" e tomar o poder para o seu movimento neomarxista:

> Por todos os motivos expostos, eu interpreto o processo revolucionário como uma ação cultural dialógica que se prolonga na "revolução cultural" quando o poder é tomado. Em ambos os estágios, é preciso um esforço sério e profundo de *conscientização* — que leve o povo, mediante uma verdadeira práxis, a sair da condição de *objetos* e a assumir a condição de *sujeitos* históricos (Freire, 1968, p. 160).

Como você pode ver, a ênfase marxista em tornar-se um "*Sujeito* histórico" (itálico e inicial maiúscula de Freire) e, desse modo, deixar a condição de objeto é o objetivo do método dialógico. O objetivo não é tornar-se um mero indivíduo consciente, mas sim um participante de sua visão comunista coletivista para realizar a utopia.

Tendo em vista que se trata sempre de um processo, *conhecer* pressupõe uma situação dialética: não rigorosamente um "eu penso", mas um "nós pensamos". Não é o "eu penso" que constitui o "nós pensamos"; é o "nós pensamos" que me permite pensar (Freire, 1985, p. 99-100).

Freire (1968, p. 167) expõe essa ideia inteiramente coletivista (e fundamentalmente marxista) de modo ainda mais estranho e bem menos claro em *Pedagogia do oprimido*:

> Na teoria dialógica da ação, os sujeitos cooperam entre si para transformar o mundo. O *eu* dominador antidialógico transforma o *tu* dominado e conquistado em uma mera *coisa*. O *eu* dialógico, por sua vez, sabe que é exatamente o *tu* ("não-*eu*") que evocou a sua própria existência. Ele sabe também que o *tu* que evoca a sua própria existência constitui, por sua vez, um eu que tem em seu *eu* o seu *tu*. Desse modo, na dialética dessas relações, o *eu* e o *tu* tornam-se dois *tus* que se tornam dois *eus*.

Arrisco-me a dizer que esse processo "dialético" de criar uma mente coletiva dialógica de pensadores usando os seus filhos, facilitado por organizadores marxistas (e *drag queens*) passando-se por "educadores", não é o que você encarrega as escolas de fazer e/ou paga para que elas façam; porém, como praticamente todas as nossas escolas são escolas freirianas, isso é o que você recebe. Na prática, se parece com o "educador" engajado em um diálogo aberto com os "aprendizes" a respeito das condições relevantes das suas vidas e que planeja, podemos dizer, uma abordagem de ensino culturalmente relevante e receptiva (a abordagem dos conceitos geradores). Com base nesse diálogo conduzido pelo aluno e facilitado pelo educador, os conceitos geradores podem ser identificados e ampliados, e o método de codificação, problematização e decodificação pode ser concebido de "forma contextual" para ensinar "alfabetização política" "como um processo de mudança". O papel do educador é facilitar essa discussão a fim de que ela sempre seja direcionada para despertar a consciência crítica e estimular o ativismo em seu nome. Em linguagem moderna, isso equivale a ensinar os alunos a se tornarem "agentes de mudança", frequentemente em salas de aula "democráticas" ou "lideradas por alunos".

Para terminar, outra curiosa mania na área da educação — a aprendizagem baseada em projetos, geralmente conduzida pelo aluno — também tem suas raízes nesse estranho modelo freiriano. Freire sugeriu que se fizesse uso da educação "problematizadora" que não é exatamente a mesma coisa rigorosamente falando já que os "problemas" que Freire pretendia propor são questões políticas geradoras. Na prática, contudo, a "aprendizagem baseada em projetos" costuma ser classificada exatamente dessa maneira, levando os estudantes a se envolverem em projetos sociais, políticos ou ambientais que servem precisamente a essa função freiriana. Na *Pedagogia do oprimido*, Freire (1968, p. 79) fala sobre a necessidade dessa abordagem para o seu próprio modelo:

Aqueles que estejam de fato comprometidos com a libertação, devem rejeitar completamente o conceito bancário, adotando, em lugar disso, um conceito de homens e mulheres como seres conscientes e comprometidos com o mundo. Eles devem abandonar o objetivo educacional de fazer depósitos e substituí-lo pela exposição de problemas dos seres humanos em suas relações com o mundo. A educação da "problematização", respondendo à essência da consciência — a *intencionalidade* — rejeita comunicados e incorpora a comunicação. Ela resume a característica própria da consciência: sempre ter *consciência de*, não somente quando se intenciona a objetos, mas também quando se volta sobre si mesma em uma "cisão" jasperiana — em que a consciência é consciência *de* consciência.

Uma vez mais eu me arrisco a supor que isso não é o que você espera da escola do seu filho nem dos programas "inovadores" que ela implementa, mas como os seus filhos estudam nas escolas freirianas, isso é exatamente o que você está recebendo — gostando ou não.

Alguém poderia ficar tentado a oferecer algum crédito a Freire, já que continuo mencionando "seus filhos" para falar dos resultados do seu trabalho com estudantes e sua educação (fracassada). Paulo Freire estava trabalhando com lavradores adultos na América do Sul — não se tratava de crianças com professores adultos, portanto — quando introduziu a ideia de que educadores e alunos deveriam interagir uns com os outros como iguais. Fossem quais fossem as intenções de Freire então, isso só faz tornar ainda mais intolerável a adoção do seu trabalho no âmbito da educação infantil norte-americana. Para resumir:

adultos e crianças definitivamente não são iguais, e não é apropriado nem do ponto de vista profissional nem do de desenvolvimento que se relacionem como se fossem iguais. Este fato é absolutamente verdadeiro, mesmo que deixemos de lado a adoção da teoria *queer* na pedagogia crítica, que usa largamente muitos dos métodos freirianos dos quais tratamos até aqui. Colocar em pé de igualdade educadores de adultos e professores de crianças destrói um limite crucial de autoridade e conduz facilmente a uma relação antagônica entre a escola e os pais; em tal situação, professores e alunos, "como iguais", acabam se associando contra os pais, que são figuras de autoridade. Como vimos, porém, a pedagogia freiriana vê em qualquer hierarquia de autoridade um fator agravante para o problema que limita a sociedade.

Também não podemos ignorar a teoria *queer* nessa questão. Ela expressa claramente a sua hostilidade contra os conceitos de inocência infantil e adequação do desenvolvimento, e envolver-se em relacionamentos adulto-criança (isto é, com *drag queens*) sobre esses tópicos como iguais não é somente condicionamento ideológico sobre tópicos ligados a sexo e sexualidade, mas também uma porta escancarada para as interpretações mais sombrias do que representa a palavra "condicionamento". Também tende deliberadamente a definir os pais como o problema e os professores como facilitadores e colaboradores para a libertação das crianças (*queer*) dos pais e de sua opressão. Cito novamente o artigo *pedagogia drag*:

> Em um contexto mais amplo, encorajar a indisciplina coletiva também ajuda as crianças a entenderem que podem mudar seu ambiente. Para qualquer criança que já tenha perguntado "por que" a um pai ou um professor e tenha ficado insatisfeita com a resposta, "porque sim", a *drag* pode ajudar a esclarecer a arbitrariedade das regras. Estimulando os alunos a explorarem os limites do aceitável, a *drag* oferece um modelo de participação em uma experiência de aprendizagem na qual os axiomas devem ser desafiados e a autoridade não é uma certeza. Evidentemente, no ambiente escolar, as condições opressivas frequentemente são produzidas pela própria instituição, e muitas crianças que resistem de maneira intuitiva a tais condições são punidas.
>
> Os artistas DQSH recusam-se a receber instruções a respeito do que fazer. Em sua demonstração de desafio estratégico, as contadoras de história *drag* se valem de um tipo de resistência mais harmonioso do que muitas crianças

praticam o tempo todo. Essa pedagogia personificada ensina que em situações de injustiça as pessoas podem empregar estratégias e táticas para enfrentar ações prejudiciais. A *drag* pode estar muito bem situada como uma forma de produção cultural que, nas palavras da escritora e cineasta Toni Cade Bambara, serve para "tornar a revolução irresistível".

Falando com franqueza, eu convido cordialmente qualquer pessoa decente a tentar me convencer de que as pessoas envolvidas com o fornecimento dessa "experiência de aprendizado" não merecem cadeia pelo que estão fazendo obstinada e intencionalmente com as crianças.

CONCLUSÃO

Nossos filhos hoje em dia estudam nas escolas freirianas. Não resta dúvida de que essas escolas são marxistas (na melhor das hipóteses, podemos chamá-las de neomarxistas ou marxistas *woke*) em sua arquitetura, pedagogia, métodos e metas. Essas escolas abandonaram a ideia de educar as crianças para crescerem e se tornarem adultos prósperos e bem-sucedidos na sociedade porque desejam minar, destruir e substituir a sociedade existente. Em vez de alfabetizarem e ensinarem matemática e outros fundamentos educacionais, as escolas freirianas utilizam matérias como leitura, escrita, matemática, História, estudos sociais e ciências para ensinar consciência marxista de uma ou mais formas. O resultado de mais de uma década dessa prática é que as crianças norte-americanas em idade escolar quase sempre fracassam no desenvolvimento de competências básicas em praticamente todas as matérias e em praticamente todos os níveis de ensino. Porém essas crianças estão mais "politicamente alfabetizadas" (no sentido freiriano) do que nunca. Não há outra maneira de dizer isto: a educação dessas crianças foi *usurpada* e o que a está substituindo destina-se a ser usado como arma contra a sociedade da qual seu futuro depende.

Em minha opinião, mesmo com tantos problemas significativos e preocupantes que enfrentamos hoje no país, é altamente prioritário corrigir o problema da educação freiriana — que certamente se encontra entre os cinco principais e mais urgentes assuntos a serem resolvidos, se não estiver entre os três principais. Educação freiriana é educação marxista e não tem lugar em nenhum sistema escolar público norte-americano. Também é educação claramente religiosa para as pessoas que leram Freire e sabem que a teologia da libertação (fusão da teoria marxista e da teologia católica) aparece abundantemente não apenas no pensamento implícito de Freire, mas em seu plano explícito de educação.

Entendido de modo correto, isso torna a sua inclusão no sistema escolar público do país uma grave violação à primeira emenda* em diversos aspectos — violação que até o momento não foi reconhecida e corrigida. Além disso, ao roubarem a educação dos nossos filhos, também negam seu direito legalmente garantido de receber educação, outra violação pela qual podem ser acionados. Como se tudo isso não bastasse, a educação freiriana é um fracasso.

A educação freiriana não funciona, e, quando a enxergamos como ela é, entendemos com facilidade por que não funciona. Ela não funciona *porque não pode funcionar*, já que "funcionar" em educação significa *educar alunos*. Freire altera aberta e deliberadamente a autoridade de qualquer assunto usando esse assunto como substituto para produzir "alfabetização política", ou seja, consciência crítica marxista para engendrar uma revolução cultural — a reforma maoista do pensamento. Eu digo isso sem fazer absolutamente nenhuma interpretação; apenas repito diretamente as exatas palavras de Freire no contexto que ele almeja. Isso é completamente inadequado, completamente ineficaz na educação dos estudantes e uma grotesca violação da confiança que o público e os pais depositam nesses sistemas escolares e nos professores e administradores que facilitam seus programas. Há também fortes motivos para crer que isso é claramente ilegal.

Os pais enviam seus filhos para escolas públicas a fim de que sejam educados, não para serem preparados para a "alfabetização política" por meio de uma distorção marxista da educação. Os contribuintes pagam sua propriedade e outros impostos para financiar escolas públicas porque uma população educada representa um bem público numa república democrática como a nossa, ao passo que não é nenhum bem público uma classe insatisfeita e ignorante de ativistas "emocionalmente em frangalhos" comprometida em conquistar sonhos utópicos por meio da revolução cultural contra a república. Deixar de ensinar nossos filhos a terem sucesso e prosperarem no sistema vigente porque os membros de seita freirianos que trabalham como "educadores" odeiam esse sistema trai a confiança do público e dos pais, viola os direitos básicos dos nossos filhos e não tem cabimento em nenhuma escola do sistema público, nem

---

* O congresso não deverá fazer qualquer lei a respeito do estabelecimento de uma religião, ou proibir o seu livre exercício; restringir a liberdade de discurso, da imprensa; ou o direito das pessoas de se reunirem pacificamente e de requererem ao governo para que sejam feitas reparações de injúrias.

CONCLUSÃO

nos Estados Unidos nem em nenhum outro país que queira continuar saudável e intacto a longo prazo.

Política e educação de Freire foi publicado em 1985, e tornou relevante a educação freiriana na América do Norte. Isso significa que estamos simplesmente quarenta anos atrasados com relação às providências para extirpar a influência freiriana da educação, especialmente das faculdades de pedagogia, que deveriam saber que jamais poderiam ter adotado tal modelo. Portanto, essas faculdades, seus professores e seus administradores nos traíram, traíram nossa confiança e continuaram fazendo isso com fervor crescente durante quatro décadas. Os responsáveis por isso devem prestar contas pelo que fizeram, e quase com certeza devem indenização às gerações que já prejudicaram deliberadamente, embora tamanho estrago dificilmente possa ser reparado.

Simplesmente já passa muito da hora, sem sombra de dúvida, de eliminar o pensamento e os métodos freirianos da educação em todos os níveis, do pré-escolar ao doutorado. Tenho esperança de que este livro tenha ajudado a expor a educação freiriana — o que ela é e o que tem causado ao nosso sistema educacional, às crianças e à sociedade. Tenho também esperança de que este livro sirva de incentivo a uma ação produtiva que remova o máximo possível da influência freiriana na educação. Ainda não é tarde demais.

VERSÃO
BASTANTE RESUMIDA

Algumas partes deste livro são sem dúvida complexas. E o livro acabou ficando com o dobro do tamanho que pretendia. Portanto, incluo aqui como um breve apêndice uma síntese ligeiramente editada dos principais argumentos fornecidos a uma firma de advocacia que tenta combater a lavagem cerebral marxista em escolas reais. A abordagem freiriana da educação baseia-se no trabalho do marxista brasileiro Paulo Freire, mais conhecido por seu livro *Pedagogia do oprimido*, de 1970. Esse livro é o terceiro mais citado como fonte em todas as ciências humanas, e conta com um lugar de destaque e centralidade curricular em quase todas as faculdades de pedagogia na América do Norte. O método freiriano, denominado "pedagogia crítica" por fazer da própria educação uma teoria crítica (teoria neomarxista), está por trás ou é importante para praticamente todas as tendências pedagógicas no âmbito da educação nos últimos 20/30 anos, entre as quais a aprendizagem socioemocional (ASE), ensino culturalmente relevante, educação sexual abrangente e esquemas de aprendizado baseados em projetos. O ensino culturalmente relevante é inequivocamente e sem constrangimento uma reembalagem da abordagem freiriana no contexto da "competência cultural" e das políticas identitárias norte-americanas. A pedagogia de Freire é desastrosa para a educação e para as nossas crianças, e não tem lugar em nossas escolas.

Em resumo, o que Freire fez foi imbuir o marxismo na educação e no conhecimento. Em outras palavras, ele criou uma teoria marxista segundo a qual ser educado, alfabetizado ou considerado uma pessoa que sabe (bem como o que se chama conhecimento) opera em perfeita consonância com a classe "burguesa" usada por Karl Marx como bode expiatório. Já os que são considerados incultos, analfabetos ou ignorantes representam uma classe inferior que pode se tornar "consciente" das suas próprias circunstâncias como classe, a fim de

VERSÃO BASTANTE RESUMIDA

começarem e completarem uma revolução cultural que os mova das margens da sociedade para o seu centro, de onde podem transformá-la. Para Freire, a verdadeira educação é alcançar a "alfabetização política" por meio de um processo que ele descreve como "conscientização", a obtenção de consciência crítica (ou seja, marxista) mediante compromissos com o ativismo. Freire situa toda educação genuína como uma imposição da ordem política e social vigente sobre os alunos para que sejam domesticados por ela e aprendam a reproduzi-la e a preservá-la.

É preciso observar que esse processo tem grande semelhança (em termos de estrutura, método e objetivos) com a técnica de "reforma do pensamento" (também conhecida como "lavagem cerebral") utilizada em prisões e escolas comunistas chinesas de reeducação (ver Lifton, R. J., *Thought Reform and the Psychology of Totalism: A study of "Brainwashing" in China*). Nesse processo, prisioneiros e estudantes foram apresentados a aspectos de suas próprias vidas com base nos quais foram acusados de terem cometido crimes ou falhado em demonstrar solidariedade para com o povo chinês e seu ("perfeito") governo, acusação reforçada por meio de interrogatório regular. Eles foram então submetidos a demoradas e agressivas sessões de diálogo (chamada de "luta") que os ajudariam a aprender a "reconhecer seus crimes" a fim de que os "confessassem". Os crimes são "reconhecidos" quando os prisioneiros aprendem a adotar o "ponto de vista do povo" (isto é, uma vez que são conscientizados segundo o pensamento marxista chinês).

Em nosso sistema, a aprendizagem socioemocional (transformadora) reflete de maneira mais direta o processo de reforma do pensamento. Ela atua apresentando material socialmente político e emocionalmente provocativo para crianças depois de sondá-las para descobrir relevância. Depois ela treina os alunos para que tenham as atitudes sociais "corretas" e as respostas emocionais a esses estímulos que se apresentam como currículo, sobretudo para vê-los através de lentes "inclusivas" — ou como uma pedagogia do oprimido. A ASE transformadora afirma sem constrangimento que sua meta é suscitar uma "consciência crítica", ou seja, incutir a conscientização freiriana com o emprego de métodos semelhantes, porém atualizados.

Podemos resumir o método de Freire em quatro etapas diferentes.

1) Identificação de "temas geradores" - nesta etapa, diálogos, pesquisas e provocações são usados com os estudantes com o intuito de identificar palavras, conceitos e temas que tenham relevância política em suas vidas reais. Em outras palavras, trata-se da prática de coletar dados dos estudantes a fim de encontrar pontos políticos sensíveis e relevantes para as suas vidas. Freire insiste que esse procedimento deve ocorrer entre "educadores e aprendizes como iguais", e que o objetivo disso é identificar ideias política, social e emocionalmente relevantes que possam ser usadas para incentivar a conscientização do contexto político de suas vidas. Tendo em vista o objetivo visado, esses temas obviamente são negativos na maioria das vezes, e encontram respaldo em possíveis insatisfações políticas coletadas dos dados dos alunos.

2) Apresentação dos temas geradores de forma codificada - nesta etapa, os conteúdos dos temas geradores retornam aos alunos de forma "abstrata" ou "codificada". Freire recomenda o uso de figuras, pois estava alfabetizando e não podia esperar que os seus alunos lessem. No sistema de educação norte--americano, isso pode assumir a forma de materiais de leitura, listas de vocabulário, lições de conteúdo específico (como história por meio do Projeto 1619 e matemática por meio da "etnomatemática") e apresentações especiais — até mesmo o infame programa *Drag Queen Story Hour* faz referência ao propósito da introdução de *drag queens* nas escolas como um método "gerador" para a "política *queer*". O objetivo dessa etapa é incentivar o diálogo em torno de tópicos politicamente sensíveis após apresentá-los de forma a facilitar a meta da conscientização.

3) Análise marxista de temas codificados, denominada "decodificação" - nesta etapa, as codificações da etapa anterior são "problematizadas", o que significa que são submetidas à análise marxista em formato dialógico entre aprendizes e educadores (que atuam como facilitadores) e depois tornadas pessoais para os estudantes. Esse processo é realizado sempre de maneira a conscientizar os alunos, isto é, ensiná-los a interpretar as circunstâncias da sua realidade sob uma perspectiva marxista, a aplicá-las em suas próprias vidas e a se tornarem ativistas para mudar essas circunstâncias. Em um estudo experimental do método freiriano de alfabetização de adultos na Nigéria, no final dessa etapa relatou-se que os alunos estavam emocionalmente destroçados, que só desejavam ser ativistas e não estavam interessados em aprender a ler.

4) Instrução acadêmica por meio da estrutura anteriormente mencionada - Freire insiste que o alto nível de envolvimento obtido pelo método levará os alunos a usarem os temas geradores (ou palavras) como base para querer aprender a matéria e fazer isso de maneira completa. Porém, experimentos como o da Nigéria (que acabamos de mencionar) não confirmam essa hipótese. Freire insiste que os alunos aprenderão o material acadêmico relevante e se tornarão politicamente conscientes (marxistas). Mas, com seu método, só parece possível alcançar o segundo desses dois objetivos — o detestável e destrutivo.

O método freiriano de "educação" não é de modo nenhum um método educacional. É um meio de preparar politicamente a visão dos estudantes para a adoção de uma mentalidade marxista, e até para que se tornem ativistas. Não se trata apenas de programação marxista, mas de um fracasso deplorável em todos os aspectos e que deveria passar longe das escolas.

BIBLIOGRAFIA

BAILEY, A. Tracking Privilege-Preserving Epistemic Pushback in Feminist and Critical Race Philosophy Classes. *Hypatia*, v. 32, n. 4 p. 876—892. 2017. Disponível em: https://philarchive.org/rec/BAIP-11. Acesso em: 10 set. 2023.

BOLER, M. *Feeling power: Emotions and education*. Nova York: Routledge, 1999.

DARLING-HAMMOND, L. Foreword-social and emotional learning: Critical skills for building healthy schools. In: DURLAK, Joseph, A.; DOMITROVICH, Celene, E.; WEISSBERG, Roger, P.; GULLOTTA, Thomas P. (ed.). *The Handbook of Social and Emotional Learning: Research and Practice*. Nova York: Guilford Press, 2015.

FREIRE, P. *Pedagogia do oprimido*. 30th Anniversary Edition. Trad. Myra Berman Ramos. Nova York: Continuum, 1993.

FREIRE, P. *Política e educação: Cultura, poder e libertação*. Trad. Donaldo Macedo. Nova York: Bergin & Garvey, 1985.GOTTESMAN, Isaac. *The critical turn in Education: From marxist critique to poststructuralist feminism to critical theories of race*. APPLE, Michael, W. (ed.). Nova York: Routledge, 2016.

KEENAN, H.; MESS, L. M. H. Drag pedagogy: The playful practice of queer imagination in early childhood. *Curriculum Inquiry*, v. 50, n. 5, p. 440—461, 2021. Disponível em: https://www.tandfonline.com/doi/full/10.1080/03626784.2020.1864621. Acesso em: 10 set. 2023.

KOBABE, M. *Gender queer: A memoir*. Oni Press, 2019.

LADSON-BILLINGS, G. But that's just good teaching! the case for culturally relevant pedagogy. *Theory into Practice*, v. 34, n. 3, p. 159—165, 1995. Disponível em: https://theavarnagroup.com/wp-content/uploads/2015/11/But-thats-just-good-teaching.pdf. Acesso em: 10 set. 2023.

LADSON-BILLINGS, G. Toward a Theory of Culturally Relevant Pedagogy. *American Educational Research Journal*, v. 32, n. 3, 465—491, 1995. Disponível em: https://www.jstor.org/stable/1163320. Acesso em: 10 set. 2023.

LADSON-BILLINGS, G.; TATE IV, W. Toward a Critical Race Theory of Education. *Teachers College Record*. v. 97, n. 1, p. 47—68, 1995. Disponível em: https://www.unco.edu/education-behavioral-sciences/pdf/TowardaCRTEduca.pdf. Acesso em: 10 set. 2023.

LIFTON, R. J. *Thought Reform and the Psychology of Totalism: A Study of "Brainwashing" in China*. Chapel Hill: University of North Carolina Press, 1989.

LINDSAY, J. *Race marxism: The truth about critical race theory and praxis*. Orlando: New Discourses, 2022.

BIBLIOGRAFIA

LIVINGSTON, S. E. The politics of liberation and love in privileged classrooms. *Rethinking Critical Pedagogy*, v. 3, n. 1, p. 1—35, 2022. Disponível em: http://www.criticaleducationnetwork.net/wp-content/uploads/2022/01/RCP_Feb2022_ SusannahE.Livingston.pdf. Acesso em: 10 set. 2023.

LUKÁCS, G. *History and Class Consciousness: Studies in marxist dialectics*. Translated by Rodney Livingstone. Cambridge: The MIT Press, 1972.

MARCUSE, H. *An essay on liberation*. Boston: Beacon Press, 1969.

MARCUSE, H. *Counter-revolution and revolt*. Boston: Beacon Press, 1972.

MARX, K. *Economic and philosophic manuscripts of 1844*. Moscou: Progress Publishers, 1977. Disponível em: https://www.marxists.org/archive/marx/works/1844/epm/epm.pdf. Acesso em: 10 set. 2023.

MARX, K.; ENGELS, F. *The manifesto of the party and its genesis*. Published by the Marxists Internet Archive, 2010. Disponível em: https://www.marxists.org/admin/books/manifesto/Manifesto.pdf. Acesso em: 10 set. 2023.

OJOKHETA, K. O. *Paulo Freire's Literacy Teaching Methodology: Application and Implications of the Methodology in Basic Literacy Classes in Ibadan, Oyo State, Nigeria*. Education for Everyone. Worldwide. Lifelong. /Adult Education and Development /Editions /AED 69/2007. Disponível em: https://www.dvv-international.de/en/adult-education-and-development/editions/aed-692007/10th-anniversary-of-paulo-freirersquos-death/paulo-freirersquos-literacy-teaching-methodology. Acesso em: 10 set. 2023.

PLUCKROSE, H.; LINDSAY, J. *Cynical theories: How activist scholars made everything about race, gender, and identity — and why this harms everybody*. Durham, NC: Pitchstone Press. 2020.

NOTAS

1 MACKDISTRICT6. Twitter, 2019. Disponível em: https://twitter.com/MackDistrict6/status/ 1529869073873510400. Acesso em: 10 set. 2023.

2 ESANZI. Twitter, 2010. Disponível em: https://twitter.com/esanzi/status/1529968989413249025. Acesso em: 10 set. 2023.

3 OJOKHETA, K.O. *Paulo Freire's Literacy Teaching Methodology: Application and Implications of the Methodology in Basic Literacy Classes in Ibadan, Oyo State, Nigeria*. Education for Everyone. Worldwide. Lifelong./Adult Education and Development/Editions/AED 69/2007. Disponível em: https://www.dvv-international.de/en/adult-education-and-development/ editions/aed-692007/10th-anniversary-of-paulo-freirersquos-death/paulo-freirersquos- -literacy-teaching-methodology. Acesso em: 10 set. 2023.

4 *Ibid*.

5 Incluindo a Fundação Bill e Melinda Gates, a Fundação Rockefeller, a Open Society Foundation, o Instituto Fetzer e muitos outros.

6 Incluindo a Fundação Bill e Melinda Gates, a Fundação Rockefeller, a Open Society Foundation, o Instituto Fetzer e muitos outros.

7 Freire se entrega a uma longa conversação — longa demais para ser citada aqui —, perto do final de *Política e educação*, a respeito do tema da reafricanização de partes da África colonizada, numa entrevista transcrita com Donaldo Macedo, colaborador de Freire de longa data e com frequência seu tradutor para o inglês. O relevante debate pode ser encontrado nas páginas 182-185, e revela influências bastante claras de Frantz Fanon (que ele cita diretamente em outras partes do livro).

8 Os quatro livros de Freire que se destacam em importância são *Educação como prática da liberdade* (1967), *Pedagogia do oprimido* (1968), *Política e educação* (1985) e *Pedagogia da esperança* (1992), que é autobiográfico.

9 Sim, tentar controlar isso de maneira intencional e com um objetivo é uma forma de eugenia.

10 KENDI, Ibram X. *Pass as anti-racist constitutional amendment*. Político Magazine. Disponível em: https://www.politico.com/interactives/2019/how-to-fix-politics-in-america/inequality/pass-an-anti-racist-constitutional-amendment/. Acesso em: 10 set. 2023.

11 Casualmente, um pouco mais à frente, Freire cita uma passagem de *O Capital* de Marx, na qual se comenta exatamente a mesma questão: "Há uma outra distinção fundamental entre as relações dos seres humanos com o mundo e os contatos dos animais com ele: somente os seres humanos trabalham, em sentido rigoroso. Ao cavalo, por exemplo, lhe falta o que é

NOTAS

próprio aos seres humanos e a que Marx se refere no seu exemplo das abelhas: 'Ao final do processo de trabalho brota um resultado que já existia na mente do trabalhador antes do início do processo, um resultado que já tinha existência real.' A ação que não tenha esta dimensão não é trabalho".

12 Essas ideias de Fricker e Dotson, ambos teóricos da pedagogia crítica de grande influência, são mencionadas aqui sem muita elaboração apenas para que o leitor perceba que tais ideias foram amplamente desenvolvidas e aplicadas desde as primeiras formulações de Freire. As ideias de Freire tornaram-se tão difundidas que nem Fricker nem Dotson o mencionam enquanto reproduzem as ideias centrais da teoria do conhecimento marxista de Freire, seja intencionalmente, seja por omissão, seja porque essas ideias simplesmente tornaram-se o ar que os acadêmicos respiraram nas décadas de 2000 e de 2010. Para mais detalhes acerca dessas ideias, de uma forma acessível e que as relacione à teoria pós-moderna a que fazem referência, recomendamos aos leitores a leitura do oitavo capítulo de *Teorias Cínicas* (Pluckrose e Lindsay, 2020).

13 Algumas pessoas notarão que Marx era claramente contrário à utopia, mas grande parte desse posicionamento é outra fraude intelectual ou linguística produzida por ele. Quando afirma que é contra o utopianismo ao descrever numa circunstância de existência utópica o estado final da sociedade e do homem, tudo o que ele diz é que a sociedade aprimorada (a utopia) pode ser realizada, portanto não é tecnicamente uma utopia que significa literalmente "não lugar", ou seja, lugar fora do mundo possível. Entretanto, Marcuse e Freire, este último com a assistência de Giroux, reivindicam claramente o termo para a eventual sociedade por eles defendida.

14 Em um apêndice ao capítulo 7 de *Política e educação*, Paulo Freire insiste em que a decodificação se realiza em cinco etapas que culminam no que se supõe que seja a alfabetização.

15 KEENAN, Harper; MESS, Lil Miss Hot. Drag pedagogy: The playful practice of queer imagination in early childhood. *Curriculum Inquiry*, v. 50, n. 5, p. 440—461, 2021. Disponível em: https://www.tandfonline.com/doi/full/10.1080/03626784.2020.1864621. Acesso em: 10 set. 2023.

16 O glossário interno do website marxists.org usa essa citação de Goethe em sua definição de "verdade" do ponto de vista marxista. Goethe pode não ter apoiado esse ponto de vista, mas citar o Mefistófeles do Fausto de Goethe era uma das atividades literárias favoritas de Marx.

17 Vale a pena destacar, mesmo que numa nota de rodapé, que o doutorado de Freire é em fenomenologia.

ASSINE NOSSA NEWSLETTER E RECEBA INFORMAÇÕES DE TODOS OS LANÇAMENTOS

www.faroeditorial.com.br

CAMPANHA

Há um grande número de pessoas vivendo com HIV e hepatites virais que não se trata. Gratuito e sigiloso, fazer o teste de HIV e hepatite é mais rápido do que ler um livro.

FAÇA O TESTE. NÃO FIQUE NA DÚVIDA!

ESTA OBRA FOI IMPRESSA EM FEVEREIRO DE 2024